课程思政引领下
体育课程建设与教学改革研究

谭　丽 / 著

南方传媒 | 广东人民出版社
·广州·

图书在版编目（CIP）数据

课程思政引领下体育课程建设与教学改革研究 / 谭丽著．—广州：广东人民出版社，2023.12

ISBN 978-7-218-17135-7

Ⅰ．①课…　Ⅱ．①谭…　Ⅲ．①体育教学—教学研究—高等学校　Ⅳ．①G807.4

中国国家版本馆 CIP 数据核字（2023）第 248195 号

KECHENG SIZHENG YINLING XIA TIYU KECHENG JIANSHE YU JIAOXUE GAIGE YANJIU

课程思政引领下体育课程建设与教学改革研究

谭　丽　著

出 版 人：肖风华

责任编辑：马妮璐
责任技编：吴彦斌
装帧设计：马静静

出版发行：广东人民出版社
地　　址：广东省广州市越秀区大沙头四马路 10 号（邮政编码：510199）
电　　话：（020）85716809（总编室）
传　　真：（020）83289585
网　　址：http://www.gdpph.com
印　　刷：北京亚吉飞数码科技有限公司
开　　本：710mm×1000mm　1/16
印　　张：14　　**字　　数**：222 千
版　　次：2024 年 5 月第 1 版
印　　次：2024 年 5 月第 1 次印刷
定　　价：82.00 元

前言

体育课程思政教学是近些年来我国在体育教学方面改革工作的重点，是对传统体育教学和思政教学的一次大胆创新。我国在体育事业发展和体育教学方面已经取得了一定的成绩，但是在当前复杂的国际环境以及发展迅速的国内环境下，必须将人才培育、国民健康以及竞技体育事业的发展推向新的高度，以符合国家整体发展战略的需要。体育课程教学方法的改革是其中的核心环节，是实现建设体育强国宏大目标的第一步。只有领先的教育水平才能培养出符合新时代发展建设需要的人才，才能从整体上提升全体国民的健康水平，才能促进国家竞技体育事业的稳定发展。因此，在课程思政引领下进行体育课程教学改革势在必行。在这样的背景下，作者经过多年的潜心研究并结合实践尝试，精心撰写了本书。

本书共七章，第一章对体育课程与课程思政的相关概念进行了详细解读，为之后的分析做理论基础的准备。第二章对我国目前的体育课程教学现状进行了全面的研究，包括形成原因、典型问题以及对未来改革的一些思考，这是落实课程思政教学改革的第一步。第三章至第六章分别对课程思政引领下的体育课程教学目标、教学内容、教学方法以及教学评价的改革做了详细的分析，将体育课程思政教学改革所能涉及的方方面面进行彻底的探索，并提出具有可操作性的解决方案。第七章从体育课程思政建设的角度入手，对理论、建设原则以及发展路径做了详细分析。同时以大中小学体育课程思政一体化教学体系的构建为具体的例子，进行了透彻的分析，并提出全面提升体育教师思政素养的诸多设想，从而对我国体育课程思政教学改革从理论到实例、从整体到局部做出了完整的、系统的分析与研究。

整体而言，本书资料翔实，逻辑清晰，并且做到理论与实践结合，尽管还存在许多的不足，但对目前的体育课程思政教学改革仍具有较强的较高的实践指导价值。尤其是结合大中小学体育课程思政一体化建设这一具体实例，将体育课程思政教学有可能涉及的所有方面都进行深入的探讨、反复的推敲，从而得出一套具有可操作性的实践方案，以供体育界、教育界同仁交流和参考。并希望能为我国体育教学改革做出一点贡献，起到抛砖引玉的作用。体育课程思政是一个崭新的、富有创造性的教育方向，还需要大量的实践才能逐渐体现出它的价值。同时也需要更多的专家和学者参与研究，共同完成以习近平总书记为核心提出的这一伟大教育思想的落实。进而为我国实现体育强国、完成中华民族的伟大复兴做出贡献。

本书在撰写过程中参考并借鉴了很多专家、学者的研究成果，在此表示诚挚的感谢。由于作者水平有限，书中难免有不妥与疏漏之处，敬请广大读者批评指正。

谭丽

2023年8月

目录

第一章
课程思政解读与体育课程概述

课程思政是我国提出的具有开创性的一种教育理念，在体育教学方面发挥着重要的作用。本章将从课程思政的内涵与价值、体育课程的概念与分类、体育课程的实施、体育课程思政的内涵与时代意义，以及课程思政在体育课程教学中的实施与应用展开阐述。

第一节　课程思政的内涵与价值

课程思政是我国高等院校教育的一种独特教育理念，是对新时代人才培养提出的新的要求。本节主要讲解课程思政提出的历史背景以及其含有的深刻意义。

一、课程思政的概念

课程思政是对人才思想政治水平的一种基础教育，是将科学的、普世的政治观和思想潜移默化地内化到学生的日常学习和生活中，从而指导他们今后的工作和人生的选择。而且，当代青年学生由于生长在新中国经济飞速发展时期，他们从小生活在社会和平、稳定，生活安稳、物质充沛的环境中。一般而言，过于安逸的生活境遇会让人精神上较为懈怠，长远来看，这并不利于我国当前发展的需要。因此，国家需要在教育中加强对青年学生的思政水平的教导，促使他们形成正确的价值观和健全的人格。课程思政在具体实行的过程中也显示了其优越性，并继续在目前的教育中发挥着重要的作用。

不过，关于课程思政的概念，学界一直没有给出明确统一的界定，在实践中比较具有代表性的，是北京大学孙蚌珠教授的观点："思政课程是思想政治理论教育的课程体系，而课程思政则是教学体系。"通过辨析思政课程和课程思政的概念区别，是理解课程思政的一条捷径，对体育思政的教学实践具有直接的指导作用。

二、课程思政的内涵

课程思政具有丰富的内涵，这些内涵共同构成了课程思政教学的内容、所传达的价值以及对学生品格塑造的效果等。

（一）本质：立德树人

从本质上而言，课程思政是一种教育，教育的目标是立德树人。育德是育人的基础和前提，我国教育发展史上一直强调育德的重要性，主张育人、育才要有机统一，这是我国优良的教育传统。育人先育德，通过思政教育可以培养具有较高道德素养的优秀人才，思政教学还可以在潜移默化中引导学生形成符合国家要求的价值观和人生观，从小树立远大的人生理想，努力学习、锻炼本领，准备好未来能够积极投入国家建设中，从而对民族传统文化进行传承，并不断创新。总之，思政教育是一次伟大的教育思想的创新，是为中华民族伟大复兴培育优秀人才的重要手段。

（二）理念：协同育人

我国提出课程思政的育人观，主要就是倡导各学科专业课程的教学与思政教育并行，二者同向同行，共同培育全面发展的人才，这充分体现了课程思政的协同育人理念。协同育人是学校教育的重要使命，也是我国教育方针的具体体现。一所学校的教育水平如何，主要通过该学校培育人才、输送人才的数量和质量来衡量，而且所输送的人才应能够成为国家的合格建设者和可靠接班人，能够为实现中国梦作出贡献。可见，学校教育是服务国家和民族的教育，高等教育尤其如此。高等教育直接为国家输送优秀人才，培养的人才对国家建设越有利，在教育界就越有话语权。

（三）结构：立体多元

课程思政是一种多元统一的教育理念，这里的多元包括传授知识、塑造价值和培养能力，将三者有机统一，便形成了结构上立体多元的课程思政。传统教育的结构以传授知识和培养能力为主，相对单一，而课程思政的教育结构却是多元的，这是教育结构不断变化和日益完善的表现。传统课程教学中，虽然也强调传授知识、培养能力以及塑造价值，但在课程实施过程中往往将三者割裂开来，不利于培养全面发展的人才。课程思政实现了三者的统一，使课程教学回归育人本质。

课程思政要求教师在教学过程中尽可能从学生日常生活出发寻找具有实质性的介入方式，只有介入学生日常生活，才能真正了解他们的需求，了解学生遇到的问题与困惑，可以是学习中的问题，也可以是生活中的问题，在融入思政教育的课程教学中有针对性地帮助学生解决问题，使学生将所学知识、技能运用到生活中解决问题，并将在教学中塑造的价值运用于社会交往中，充分发挥学习收获的积极作用，这样学生才能够真正领会知识的力量，领会思想政治教育的价值。

（四）思维：科学创新

当前，我国正处于社会转型的关键时期，处于文化大繁荣、多元文化交织的时代，在这一时代背景下，创新思维和科学思维缺一不可。在新时代，培养大学生的思想政治素质非常重要，要使大学生形成正确的立场，树立正确的观念，以科学的方法分析和解决问题，在学习中善于观察、思考，善于在实践中学习和领悟，对时代的发展方向要有正确的把握，对社会的主流和支流、现象和本质要能够正确辨析，要形成多元思维，包括系统思维、科学思维、历史思维和创新思维。

课程思政将科学思维展现得淋漓尽致，课程思政中体现的科学思维与唯心主义、机械唯物主义相对立，是一种用历史唯物主义和辩证唯物主义的方式看待事物的思维。当前，国际社会上出现众多社会意识形态，这些意识形态在社会不同领域风云变幻，多种社会思潮观念并存且交锋激烈，在这一背景下，我国教育界需要科学思维才能顶住压力，需要加强思政教育才能抵住侵蚀，可见将思政教育融入不同学科课程中非常必要。只有加强思政教育，树立科学思维，才能将牢固的思想防线树立起来，使学生面对各种错误思潮时能够自觉抵制。

课程思政不仅体现了科学思维，还体现了创新思维，强调将思政教育融入除思政理论课以外的其他学科课程中，如果像传统思政教育一样单靠思政理论课教育培养学生的思政素养，显得孤掌难鸣，力量比较单薄。而如果能够在思政理论课之外的其他课程中融入思政教育，在课程思政的实施中树立创新思维、谋求新的出路与发展、创造新的方法与空间，那么思政教育将得到创新发展，思政育人目标也将在更高层次实现。与此同时，在其他学科课程教学中融入思政教育也体现了学科课程的创新，对提高学科课程的实施效果和教学质量具有重要创新意义。

（五）方法：显隐结合

在人才培养中，要先回答三个根本问题，一是培养什么样的人，二是怎样培养，三是为谁培养。只有明确了这三个问题的答案，才能在坚持社会主义办学方向的基础上明确人才培养方向，提高人才培养质量。人才培养是一个复杂的工程，其中涉及诸多培养体系，包括教材体系、教学体系、管理体系等，而无论是哪个体系，思想政治工作体系都始终贯通其中。可见，在人才培养的蓝图中，思想政治工作必不可少。课程思政的提出也恰好反映了这一点，在人才培养中践行课程思政，围绕思想政治教育对人才培养的目标、内容、模式、方法等进行改革，在各类培养人才的课程的实施中，将政治认同、国家意识、文化自信等思政元素融入知识传授、技能培养中，把知识、技能的显性教育与思想政治隐性教育有机统一，培养全面型人才，促进学生全面发展。

三、课程思政的价值

课程思政是对我国教学模式的一次重要突破，弥补了我国传统教学模式在思政教育上的不足。传统教学模式中，各个学科和思政教育之间是相互独立的关系，这种关系导致在很长一段时间内，教育的“教书”和“育人”两个功能难以同时实现。而课程思政则实现了专业课教学和思政教育之间的联合，在专业课教学中有针对性地加入思政教育的内容，一方面丰富了专业课的内容；另一方面也借助专业课课堂达到了思政教育的目的，真正发挥了教育的“教书育人”功能。同时，这种通过串联的方式实现双重目的、提升教学效果的新颖教学模式的成功，为我国接下来的教学模式改革提供了灵感，有助于促进我国的教学模式向着更加科学、高效的方向发展。

课程思政的重要价值是我们将其融入体育课程建设的原因之一，下面我们将具体从学校层面、教师层面和课程层面对课程思政的重要价值进行解读。

（一）学校层面的价值

学校是对青少年进行教育的最主要的场所。当前，在社会快速发展变化的背景下，学校面临着各种思潮和文化的相互碰撞，对学校教育来说，这既是一种机遇，也同时是一种挑战，关键在于学校自身的抉择和做法。而课程思政的提出无疑为学校指明了思想教育的发展方向，从顶层设计上实现了道德教育和知识教育的统一，使得学校在思潮变化的风口之下坚持了自己“教书育人”的使命。

（二）教师层面的价值

从教师层面来说，课程思政对他们提出了“三真”要求——真学、真做、真信。“真学”是指教师的学习不应该只集中在专业知识上面，而应该实现跨学科学习，同时提高对社会现实的关注，在精通本专业知识的基础上促进自身全面发展。“真做”是指本着“以人为本”的教学理念，对学生负责，不断提高自己的教学水平，钻研课程思政的有效教学方法，坚持进行创新突破，将思政教育无声地融合于专业课堂上，对学生产生潜移默化的影响。“真信”指的是教师本人应该具备高尚的思想道德，严格要求自身，时刻注意自己的言行，通过言传身教实现对学生的教育。

“三真”对教师提出了学习、行动和思想上的要求，对提升体育师资队伍的专业素质和教育能力具有非常重要的价值。

（三）课程层面的价值

从课程层面上看，课程思政并不是将专业课课程和思政课简单相加，而是根据专业课的特点，一方面从中挖掘思政教学的资源；另一方面根据专业课的特点将思政课程的内容有机地融入专业课中。这样做的目的是将思政教育全过程、全方位地融入课堂中，使学生在学习专业知识的同时又得到思想上的“洗礼”。课程思政不仅实现了课程教育中“智育”和“德育”的结合，还开创性地实现了不同学科之间的融合，为我国教育模式的创新发展提供了全新的灵感。将课程思政理念融入体育课程建设与教学中，既能培养学生的体育知识与技能素养，又能培养学生的良好道德素养，使课程内容更丰富，课程价值更突出。

（四）学生成长层面的价值

学生正处于身心发展的关键时期，就体育教学来说，如果此时能够结合体育课程中的某些契机，引入适当的思想政治教育，那么对学生的心智成长、社会性发展都具有显著的现实意义。学生精力旺盛，思维敏锐，对社会热点事件具有天然的敏感性，由于信息技术和多媒体技术的高度发达，当代社会中，年轻学生获得信息的渠道十分便捷，在这样的背景下，学校有必要对学生进行社会适应性的教育，使他们具有分辨复杂事件的能力，而体育的课程思政恰好能承担起这一重任。

1.促进学生体育与德育的协同发展

课程思政是以马克思主义基本原理为指导，对传统教学的一次大胆突破，它打破了原有的僵硬学科边界，而是更为自然地、更贴近学生生活实际的一种教学尝试。通过将思政元素融入学生的体育课程中，有机地将体育教学与德育培养相融合，对促进学生的全面发展具有明显的效果。

2.增强学生的社会适应性

体育课程思政带给体育教学、体育发展以及学生的素质发展的影响是多方面的，比较突出的是对于促进学生的社会适应性非常有帮助。以往的体育教学，主要是以提升学生的身体素质、运动技能为教学目标，然而在课程思政的引导下，体育课程还肩负起对学生进行思想教育的使命，并且和思想政治课不同的是，体育的课程思政促使学生对社会生活更加敏感，并勤于思考，主动地将课堂上的所学、所想联系自己的实际生活。在当今社会竞争极其残酷的情况下，这对于增强学生的社会适应性具有非常重要的意义。

比如，教师通过带领学生一起观看大型的体育比赛，不仅能够对精彩的比赛环节进行讲解，还能适时地引导学生了解各大赛事背后的运作方式、竞技体育所产生的社会影响力、所创造的经济价值、对各个国家战略发展的重要意义等，这些都是基于体育教学而发展出来的与思政相关的议题，能够拓展学生的思维和眼光，从而更加全面地认识和了解社会发展规律，有助于加强自身对社会的适应。

四、课程思政的要求

（一）以党委为政治核心

思想政治教育工作属于党委的工作范畴。因此，课程思政应该以校党委为核心，负责开展各个院系和学科的思政教育内容和安排。以党委为政治核心开展课程思政具有以下几方面的优势：

（1）党委部门具有管党治党的主体功能，可以调动学校的行政、教学等各个部门的人力资源、物力资源，具有最高的众筹权利，因此可以将课程思政工作彻底进行。

（2）党委在思想建设、组织建设和制度建设等方面具有明显的优势，是最有能力执行课程思政的部门。

（3）党委作为课程思政建设的主体，能够准确把握党和国家对课程思政的精神，能够最有成效地切实贯彻和落实课程思政的要求。

（二）发掘课程中的思政资源

根据课程思政指导思想的核心要求，在各个院系的专业课程中进行课程思政的优化，要求教师在授课过程中不仅教授专业知识，而且要将思想政治与专业课知识融会贯通、有机地结合，让学生得到全面的成长，使“教书”和“育人”完美结合，形成一种科学有效的教学模式。但是要实现这一目标，达到理想的效果，需要教师选择最合适的方法，与思政内容结合，采取合适的方式进行教学。

这就需要教师提高自身的专业修养和思政水平，在日常的工作和学习中，不断拓展自身的知识和视野，在努力提升自己的专业能力的同时，还要注意加强对思想政治的学习，并将其整合进自己的教学内容中。在掌握和整理学科知识体系的基础上，将德育内容放在重要的位置，让学生在专业知识的学习中提升思政知识和意识。

（三）注重教师队伍的建设

课程思政教学模式的推进，除了需要根据国家的精神指导，以及校党委的具体统筹安排之外，更重要的是加强教师队伍的建设，因为教师才是实践思政课程的第一人，在他们的讲台上真正落实国家课程思政的要求，将思政融入专业知识的效果如何，学生对课程思政的接受程度如何，将直接由教师的实际授课所决定。因此，教师的思政水平至关重要，为了提升教学质量和教学效果，必须从教师队伍的建设抓起。

（四）协同发挥“课程思政”和“思政课程”的作用

课程思政教学模式是对原来强调专业教学的模式进行优化和创新，将思政内容融入专业课程中，在各个科目的教学过程中，引导学生从一个崭新的视角观看世界，这是对学生发散思维的训练。与此同时，还需要与“思政课程”相结合，才会产生更好的效果。加强两者之间的交流，协同发挥两者的作用，有利于达到更加理想的育人效果。

第二节　体育课程的概念与分类

一、体育课程的概念

课程的概念有多种不同的界定方法，不同的学者从不同的角度、层次及维度研究体育课程，所以对体育课程的理解也不相同，再加上学者树立的课程观有差异，体育课程研究水平较低，研究理论基础不完善，导致学界对体育课程概念的界定至今还未统一。为了便于理解与研究，这里重点阐述一种常见的体育课程定义的表述，即体育课程是以相关学科为基础，以身体运动原理、保健知识为内容，以学生直接身体运动为形式，开展有计划、有组织的课内外活动，从而实现提高人体机能、发展心理健康目标的学校教育科目。[①]

二、体育课程的分类

我国目前最常见的体育课程分类可按照课程内容、体育课程历史形态、教育层次、体育课程的价值取向，以及课程的学习模式可为以下几类。

（一）以体育课程内容分类

体育教学的内容大致分为理论教学和实践教学两种。无论是哪个年级的体育教学，也无论是关于哪种运动项目的体育教学，都要包含理论教学和实践教学两部分。理论是实践的基础，只有首先在理论上得到验证，才能保证

① 邓星华、谭华.新编体育教学论[M].上海：华东师范大学出版社，2008.

实践的科学性。同样的，只有当学生们在理论上理解了运动的原理，才能更好地指导实践和练习，因此，在体育教学中，都是采取理论与实践相结合的形式进行教学。

（二）以体育课程的历史形态分类

体育课的发展在不同时期具有不同的形态特点。比如在原始和古代的体育课程最初是以锻炼士兵的作战能力为主要目的和形式；近代体育课程则逐渐从专门的战斗训练，转移到对更多的普通人的身体素质和运动能力的训练。现代体育课程是体育课程发展的最高级阶段，它的主要形态是以促进学生的德智体美全面发展和身心的协调发展为主要目标。

（三）以教学对象的学龄分类

体育课的教学对象即学生，按照学龄一般分为幼儿园、小学、中学和大学进行分类，当然在中学和大学类目下，还会有职业技术学校、中专、专科、本科以及体育专业院校和非体育专业院校等更为具体的分类。但是总体而言，以教学对象的学龄分类是以学生的年龄特点为主要的分类依据，通过对某个年龄阶段的学生展开与之相适宜的体育教学，才是科学的、有效的。

（四）以课程价值取向分类

体育课程的价值取向包括以提升身体素质功能为主要目标、以竞技教育为主要目标、以个性解放为主要目标等几个方面。体育教学的价值是多元的，具有几种不同的层次。其中最基本的是提高学生的身体素质，通过系统的、科学的体育锻炼，能够促进学生的全面成长，使其身体素质和运动素质获得很好的提高，不仅使身体的各项机能得到提高，而且有机地发展他们的各项身体素质，使力量、耐力、柔软、灵敏等运动素质也有效的得到发展。

如果从人本教育理论出发，体育课程对充分发展学生的个性、帮助学生更好地认识自己、挖掘自身的潜在能力等，都具有明显的作用。

（五）以课程的学习模式分类

当前的体育课程学习模式分为必修课和选修课两种。必修课是按照我国制定的体育教学大纲而必须严格执行的体育教学内容，这些教学内容是经过理论与实践检验的非常成熟的学习内容，因此要求学生必须认真学习。

而选修课则是在必修课的基础上，对学生具有学习兴趣或者学习热情的其他体育教学内容的教学。选修课的特点是不强制要求学生必须达到某个标准或必须具备某种能力。选修课是对学生体育学习兴趣的一种满足和鼓励，激励他们发展更多的运动能力，通过亲身学习与实践，从而对体育培养出更深厚的情感，对促进学生养成运动习惯具有积极作用。

第三节　体育课程的实施

体育课程的实施即具体执行体育教学的实践活动，是决定体育教学质量的重要环节，本节将重点讨论体育课程实施的原则以及实施过程的主要任务和内容。

一、体育课程实施的原则

（一）忠实原则

体育课程的实施可以理解为对体育课程教学方案的实施，因此，首先要具有忠实于原教学方案的取向。在教学实践中，体育课程的实施就是将已经制订好的体育课程教学方案，有计划、有步骤、有系统地执行的过程，因此，要求执行过程必须做到忠实，不破坏原方案，能够使课程的实施有条不紊地进行，减少出差错的几率，也能给教师一个很好的支撑作用，尤其对于教学经验不足的年轻体育教师而言，忠实教案是非常重要的一步。可以有效避免遇到问题后手忙脚乱、无法应对的情况。

从体育课程的实施来看，体育教学质量和教学效率在很大程度上依赖于教学方案的设计以及对教案的实施，如果能够做到忠实只是教学方案，那么就在一定程度上保障了体育教学的效果和教学质量。

（二）适应原则

在体育课程方案的实施过程中，还应做到遵守适应原则，即体育课程的实施主体要与实施情境建立相互适应的关系，比如，要以学校、学生、所处地区等多个因素相协调、相适应。适应原则与忠实原则是相对应的，但两者并非矛盾，而是相互协同发展的。在忠实于体育教学方案的基础上，还要兼顾实施主体与实施对象的磨合与适应，找到彼此最佳的互动方式。这种适应是一种动态的、自动的过程，是随着时间的进行而必然发生和发展的，如果没有适应，仅仅一味地遵循忠实原则，那么势必会出现僵化与落后的局面，如课程目标、课程内容、课程组织形式、课程教学方法等，使之与学校、学生的情况相符合、相适应。执行教学方案的过程，并非刻板地照本宣科，而是根据实际情况进行灵活调整，当然前提是不破坏教学方案的整体性、系统性和完整性，合理修订、优化教学方案，将有助于体育教学的立体性、现实性和科学性。

（三）创新原则

这里的创新原则主要是指体育教师与学生在执行体育教学活动的过程中，积极地激发自身的主动性，将更多的人性化因素融入体育教学中，使体育教学更加富有生气，更符合学生的实际生活。举例来说，在进行一些身体素质训练时，教师应有意识地选择当前最吸引年轻人的训练方式进行教学，选择学生感兴趣的教学内容，将极大地调动学生的学习兴趣和学习积极性，有助于教学效果的提升。在不影响和不改变教学方案的基础上，引入全新的教学元素，或者选择新颖的教学方式，就是创新原则的最明显的体现。

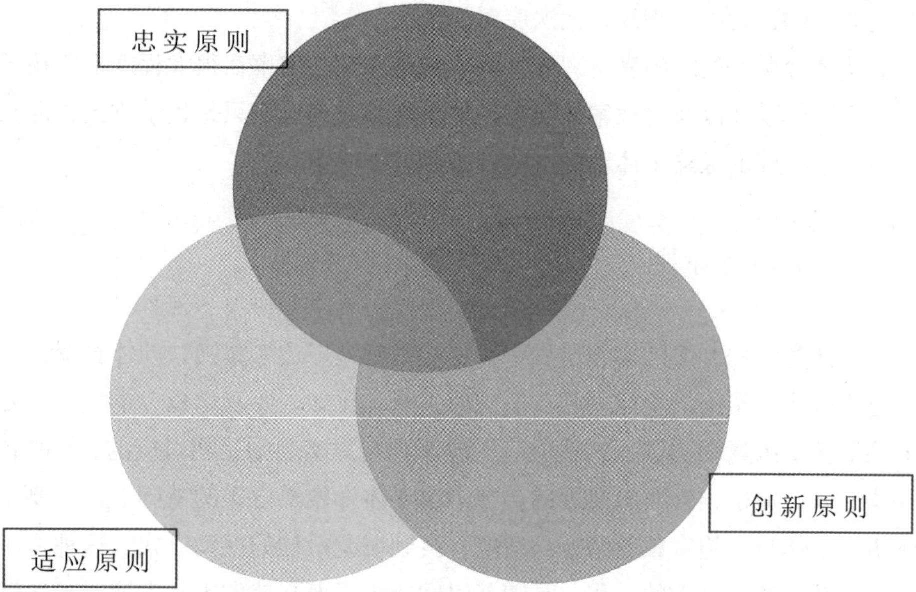

图1-1　体育课程实施的原则取向

二、体育课程实施的过程

体育教学是一个系统的、连续的过程，体育课程的实施一般按照以下两个阶段完成的。

（一）起始阶段

体育课程的起始阶段，是对体育教学的准备，是顺利开展教学活动的必然选择，在正式的体育教学之前，要先明确一些基本的教学元素比如教学主体、教学场景、教学环境等，以及在这一过程中可能存在的资源和障碍分别是什么，要对这些都做到心中有数，才能正式地开始教学。起始阶段的主要作用就是帮助教师明确接下来的教学活动的具体执行流程，学生的具体实际情况，以及还需要做好哪些准备等。

（二）实施阶段

实施阶段是体育教学的核心部分，是教师将教学方案、教学计划严格围绕教学目标和教学任务的要求而循序渐进地推进和落实的过程。教学实施还是教师与学生产生密切互动与协作的过程，师生间融洽的互动能够促进教学实施的高效进行，教师和学生在实施阶段的投入程度也将决定着教学质量和教学效果的优劣。

第四节　体育课程思政的内涵与时代意义

体育课程思政是对体育课程教学改革的重要内容，是提升体育教学质量的必经途径。它对从整体上改善我国体育教学一直以来存在的重技能训练、轻素养提升的弊端具有积极意义。并且契合当前国家推行的新时代人才培养战略的要求。

一、体育课程思政的内涵

体育教学本身就蕴含着对学生德智体美全面培养的目的和功能，而体育课程思政是在原来的基础上，加强了思政的比重，拓展了思政教学的途径，在体育教学的各个环节，增加思政的内容，帮助学生从更加全面的角度思考思想政治问题。在体育教学的技能训练、团队协作、竞赛参赛等多个环节都能够恰当地融入思想政治觉悟的教育，使思政教育更加立体、生动和鲜活，一改往日体育教学仅仅从塑造学生意志品格的角度实施思政内容的刻板方式。通过将思想政治教育元素、价值观、世界观以及高尚的社会主义道德情操等融入体育教学的课堂中，潜移默化地对学生的思想意识、行为举止产生影响。

体育课程思政在发挥思政教育价值方面主要是通过显性教育和隐性教育两种方式实现的，其中显性教育作为主要教育方式发挥了巨大的作用，隐性教育作为辅助方式也发挥了一定的作用，这两种教育方式相辅相成、不可或缺。在体育课程思政的显性教育中，体育教学作为主要载体形式，以比较简单、直接的手段对学生进行思政教育，对学生正确的社会主义核心价值观进行培养。

（一）体育课程思政的目标

体育课程目标是课程实施的出发点和归宿，体育课主要以体育实践为主要形式。在体育课堂上，体育教师教授和指导学生进行体育技能、体育活动的实践活动。有个体育训练强调对人的坚毅的品质的提升，有的体育活动强调团队的协作精神和奉献精神，有的体育竞赛活动强调学生的不懈拼搏的精神，因此，体育课程思政应该根据学校学年、学期的体育教学内容作为基础，设定思政课程的教学目标。

总之，各个根据自身体育教学的计划和安排，灵活设定课程思政的教学目标，只要核心不偏离国家对课程思政的教育方针即可。

（二）体育课程思政的协同性

体育课程思政主要是根据学生在体育实践中，以他们所感知的内容进行思政方面的引导，从而提高学生的思政意识和水平。和其他学科相比，体育课更注重实践，因此，体育课程思政与其他课程的思政恰好形成协同效应。青年学生在其他课堂上获得的思政理念和意识，主要是从理论出发而产生的，而体育课程思政则主要是从实践中感知到的，两者相辅相成能够帮助学生获得完整的思政意识和理念的训练。

（三）体育课程思政的结构

体育课程思政还要注意对结构的建设，即要明确课程中知识技能讲授、价值的塑造和能力培养的教学目标，并且将这些目标进行整合，形成统一多元的。体育课程思政要求教师要在体育课堂上，带领学生一起积极探索体育知识和技能，感受体育运动的无穷魅力，同时还要灵活地与学生的日常生活方式相结合，比如指导学生使用体育课上学到的技能，在课余生活中进行体育锻炼，逐渐养成终身体育的意识习惯和能力，另外，在这一过程中，还要根据实际情况塑造学生价值观，回应学生在学习、生活、社会交往和实践中所遇到的真实问题和困惑，从而有结构性地、生动鲜活地对学生进行思政教育，对学生产生积极的影响。

二、体育课程思政的特点

（一）育人和健体相结合

大学生处于人生的重要时期，高校要特别重视对学生的栽培与引导，在开展教学和培养人才时要紧紧围绕立德树人的根本任务而展开。近年来，随着国外各种文化的不断涌入，一些大学生的价值判断力明显下降，尤其是受到西方价值的影响，导致部分大学生对社会主义思想缺乏高度的认同，这对我国社会主义核心价值观建设造成了严重的阻碍。对此，高校要紧紧围绕立德树人的根本任务对大学生进行思想政治教育，培养全面发展的人才。

增强学生体质，培养学生良好的锻炼习惯，这是体育课程的基本任务。体育课程思政除了要完成体育课程的基本任务外，还要完成立德树人的任务，在培养学生健康体质、提升学生体育理论知识素养和实践技能水平的基础上，将核心价值观教育融入体育课中，引导学生形成正确的世界观、人生观和价值观，达到全面育人的良好效果。

（二）思政元素丰富多样

随着体育事业的不断发展和各项体育运动的改革创新，体育运动的育人功能越来越突出，其中所蕴含的思政元素在体育全面育人中发挥了重要的作用。体育项目本身丰富多样，各类项目包含的思政元素各有特色，如武术中蕴含着深厚的武德文化和家国情怀；集体球类运动中富含团队精神、合作精神和集体主义价值观等思政元素；等等。在体育课程中充分挖掘思政元素，将专业教学内容与思政元素巧妙结合起来，能够培养大学生的优秀品质，使大学生得以全面发展，成为中国特色社会主义建设的中坚力量。

（三）内部统一性

人体身体素质，如力量、速度、耐力、灵敏、协同、柔韧等，能够在体育运动中得到充分展现。这些身体素质共同构成了人体运动素质，它们是有机统一的。体育运动本身就是一个有机统一体，它是外部的、显性的，相对而言，课程思政是内部的、隐性的，体育运动与课程思政好似矛盾体，但其实二者之间有千丝万缕的联系，二者的相互连接与促进主要体现在同一性上。课程思政中蕴含着强大的精神力量、先进的社会意识和重要的社会主义核心价值观，在体育课程中注入这些元素，更加有助于促进体育教学、体育训练和体育比赛的深层次发展，同时也能够使课程思政建设更加丰富、具体和清晰。可见，体育课程思政是一个有机整体，在具体实施中体育和思政不可分割。

三、体育课程思政的时代意义

（一）课程思政是思政教育的必然发展方向

最初的思政教育都是以思想政治课为主要形式开展的，因此，更多的是对思想政治的理论内容进行深入讲解。仅仅“纸上谈兵”并不是理想的思政教育。因为学生需要在各种具体的、生动的环境中才能深刻理解思政的真正内涵。因此，课程思政的理念就是针对原来这种理论性较强、但实际效果欠佳的局面而提出的。

通过课程思政模式，将思政教育融入体育的教学中，让学生在学习体育知识和技能的同时，还磨炼意志，逐渐塑造出具有独特个性精神气质，从而使学生获得全面的成长。

（二）课程思政是培养高级人才的必然选择

未来社会需要的是全面发展的高级专业人才，也就是说，人才不仅要具备专业知识与技能，还要具有独立的人格和坚定的思政水平，这就需要在校学习期间，让学生有机会接受立体的、全面的教育，仅仅靠书本知识显然并不能满足高级人才的发展需要。而课程思政恰好弥补了这一空缺，让学生在学习专业文化知识的同时，还完成了对个人精神品质的塑造。

（三）落实立德树人的重要举措

学校教育的根本任务是培养人才，学校的根本使命是立德树人。课程思政的提出要求学校在育人方面不仅要传授知识和技能，促进学生文化素养和实践能力的提升，还应该注重对学生内在价值体系和思想观念的培养，促进学生思想观念意识的提升，引导学生形成正确的世界观、人生观和价值观。

青少年学生思想活跃，个性鲜明，面对这样的教育对象，应注重实施思政教育，并将思政教育融入专业课教学中，包括体育课。落实体育课程思政不仅能够培养专门的体育人才，还能通过思想引领和价值塑造提升学生的内在修养，将“育体”“育德”结合起来。

素质教育理念强调培养人才的基本素质，促进培养对象个性的发展与健全，实现全面发展。因为社会阅历比较缺乏，学生价值观、人生观和世界观还不够稳定，而且也有可能偏离正确方向。再加上社会上各种思潮激流勇进，学生难免会被负面思想和言论侵蚀。因此，将思想政治教育融入学生喜爱的体育课程教学中既能培养学生的身心健康素质，又能提升学生的思想政治素质、健全其人格，从而真正满足素质教育的要求。总之，体育课程思政强调体育多元价值的充分发挥，有助于实现新时代立德树人的根本任务。

（四）建设体育强国的重要路径

世界各国的竞争主要是综合国力的竞争，而综合国力的较量又以人才竞争为根本。在中华民族伟大复兴、中国特色社会主义现代化建设的进程中，人才战略作为国家发展的战略根基必不可少。只有落实人才战略，我国才能迈向新征程，体育强国梦才能实现。

新时代我国体育事业发展的最高战略目标就是实现体育强国，建设体育强国离不开专业人才支撑，因而培养高素质的体育人才队伍势在必行。这就要求对体育课程思政的独特育人价值加以挖掘，使其得以充分发挥，通过体育课程思政建设与教学实施，培养身心健康、德才兼备的全面型体育人才，为体育强国战略实施提供重要的人力资源和基础保障，使体育人才在参与体育强国建设的过程中实现个人价值。

（五）提升育人质量的重要手段

学校教育肩负着为国家培养优秀人才、立德树人的伟大使命。体育课程作为学校教育的一部分，通过课程建设与教学实施去贯彻育人方针，完成育人使命。课程思政、全面育人等理念的提出体现了国家在教育方面教育方针的变化与教育结构的完善。为贯彻国家教育体制改革的方向和国家教育方针的发展变化，要求在体育课程教学中将思政教育融入进去，将价值观培养、人生观引导、世界观塑造等融入体育知识传授与技能训练中，并借此培养学生的拼搏精神和顽强意志。体育课程思政是健康教育、思政教育和综合素质教育的统一体，是学校培养全面发展人才的重要举措，也是提高人才培养质量的重要突破口，能够开创我国体育教育事业发展的新局面。

第五节 课程思政在体育课程教学中的实施与应用

体育课程的思政教育是在课程思政的基础上，根据体育教学的独特性，确立思政目标，选择思政内容、方法、评价和保障方式实施。本节将就此具体展开分析和研究。

一、课程思政在体育课程教学中的实施

（一）体育课程思政的显隐结合

体育的教学由于主要以体育教师的口头讲述或者观看视频为主要形式，而思政教学的内容，也隐含在教学实践的过程中，鲜少有针对思政内容的长篇累牍的讲述。除了对提高学生意志品质有正面的教导之外，主要以隐含的形式进行。比如贯通在体育实践过程中的价值观、世界观的教导就是隐含在体育活动实践之内的，把思想政治教育与体育课程教育相结合，实现显性与隐性教育的有机统一。

（二）深化体育课程思政的教学设计

体育课程思政相对其他学科而言，具有一些不同的特性，要将课程思政融入当前体育课程中，并不是仅仅靠体育教师在课堂上说说那么简单，而是要严格国家对课程思政的指导精神，根据自身的教学实际情况，以及教师自身的思政水平，设计课程思政的教学内容、教学方法和教学评价。在实际体育授课中，体育教师还要密切观察学生的情绪、状态和接受能力，灵活调整教学方法和教学内容，选择最适合的思政内容融入体育教学之中。

二、课程思政在体育课程教学中的应用

（一）培养学生综合素养

和其他学科相比，体育课的教学有许多独特之处，因此既不能用文化课的方式衡量体育课的效果，也不能用文化课的教学方式指导体育课的教学。体育课的灵魂是对学生实践活动的指导和教学。在以往的体育教学过程中，教师会重点根据某一运动项目而展开教学活动。教师关注的点是学生是否能够掌握相关的技战术能力。而引入课程思政的元素之后，体育教学将不再仅仅局限于对学生体育素养的提高，同时还融入了思想政治品德的教育。根据体育教学中遇到的实际问题，教师可以灵活地对学生的思想政治品德进行引导和教育，这正是课程思政的优势所在。教师可以因时因地因人制宜，根据实际需要对学生进行体育和思政的综合指导，从而对促进学生的全面成长发挥有利作用。

（二）培养学生诚信品质

体育教学是需要学生的身心同时投入才能进行的一项教学活动，在这一过程中，如果教师能够把握时机，给予学生正确、及时的引导，那么教师不

仅能对学生的身体机能、运动素质、运动能力等进行培养，同时还可以培养学生的诚信品质。让学生在体育实践中，通过亲身经历进而引起一些反思和思考，让学生在体育课堂上能够实事求是，建立良好的诚信观念。

另外，通过体育课程上的现场教学，教师可以帮助学生树立起诚信意识，并有意识地爱护个人口碑，为学生的健康成长建立典范等。

总之，诚信是个人社会生活中所必需的重要品质，对一个人的长远发展具有非常重要的影响，而通过在体育课堂上的学习和锻炼，督促学生有意识地在学生和社会交往中，从一些小事做起，要求自己讲诚信、重信誉，从而符合国家对新时代人才的期待。

（三）培养团队协作精神

大多数的体育教学活动都是以集体协作的形式进行的，因此在体育教学中，能够培养学生的团队协作精神。通过体育活动这一积极活泼的形式，让学生们在团结运动中体会个体与团队的关系，在体育实践活动中，学生们只有把握好个人和集体的归属关系、配合关系，以及明确了只有通过集体获得的荣誉才是个人最大的成就，而这需要每一个个体都具有奉献精神、协作精神甚至是牺牲精神。通过体育学习，实际上对学生的社会成长具有不可估量的影响，因为在体育协作与体育竞技中，是高度凝缩的社会协作和社会竞争的缩小版，如果学生能够在学校中通过体育活动而学到团队协同作战的能力，体会精诚协作的重要性，那么对他们今后的事业发展，以及人生幸福，都具有重要的促进作用。

（四）增强学生拼搏精神

体育教学中，有大量的都是竞技活动和训练，因此学生在学习体育知识与技能的同时，也是锻炼学生拼搏精神的机会。体育学习和实践活动需要大量的重复训练或抗阻训练，这些都要求学生走出舒适区，并不断地挑战自身的运动极限，其中很多时候都是对学生意志品质的锻炼。如果能按照教师的指导，严格完成学习和训练的任务，那么对于锻炼学生的顽强拼搏精神是一个很好的机会。

在具体的实践中，一方面，教师需要让学生意识到何为拼搏精神，以及拼搏精神对学习和成长的重要性。通过体育运动可以让学生对拼搏精神形成更加清晰的认识，并能够自发主动地要求自己拼搏进取，不断进步。另一方面，学生彼此之间也应该形成一种良性的竞争关系，通过和同学之间的比赛，不断给自己设立新的标准和要求，从而不断突破自身的极限，在取得一次又一次的成绩过程中，养成不怕困难、勇于拼搏的优良品质。

（五）培养学生竞争意识

竞争意识是个人发展不可或缺的重要意识，在社会发展中起到了非常重要的作用。当今社会，竞争无处不在，学生如果能尽早培养出竞争意识，那么对他们的全面成长，以及对他们早日融入社会生活等都具有积极作用。在体育教学中，教师需要培养学生的竞争意识，使其能够不断攀登、勇争上游。例如，教师可以将学生分成若干组，学生进行接力比赛，接力比赛中的超越与反超越的现象正是竞争意识的体现。为了更好地培养学生的竞争意识，教师需要营造良好的教学环境，这样可以在很大程度上提高学生的竞争意识，实现良好的教学效果。竞争意识可以让学生更好地发愤图强，为自己的理想不断奋斗，在未来工作中取得更好的成绩。

（六）提高学生规则意识

无论在社会上，还是在学校中，现代社会都需要具备一定的规则意识才能更好地适应社会的发展，才能在维护社会规则的前提下展开正向的竞争活动。而通过体育教学实践，学生在进行体育学习和体育竞赛的过程中，已经对规则意识有了一定的内化，因此，在以后开展更具挑战性的学习和工作时，也能有意识地遵守规则，在合法合理的范围内展开良性竞争。

教师在培养学生规则意识时，可以通过竞赛规则、训练规则、学习规则等不同的方面入手，让学生能感受到规则无处不在，要想获得成长、取得优异的成绩，必须要以遵守规则为前提。这是学生建立规则意识的一般途径，也是最有效的途径。此外，在教学过程中教师也需要制定规则，如迟到、旷课等处罚措施，这样既可以提高教师教学的质量，又能够提高学生的规则意识。

（七）提高学生审美能力

体育教学对学生的审美能力的培养也具有重要作用。随着社会的进步，人们对美的需要，对美的感知，对美的理解都有了新的内容。而且，美对于生活是不可或缺的，对于人们的生活、学习和工作的影响作用是潜移默化的。在体育教学中，对美的教育包括道德的美、精神的美、运动的美、拼搏的美等许多方面，在体育教学中蕴含着多层次的、多角度的美学，这需要教师能够把握时机，对学生展开合适的美的熏陶和教导，从而提高学生审美的能力，以及创造美的能力。比如具有较好的审美能力的学生，首先对自身的言行举止就会自觉地有所要求，比如在日常生活中坐姿、站姿要端庄得体，在行为举止方面，要具有新时代人才的精神风貌。美需要内外兼修，既要有外在健康的美，又要具备内在的精神的美。而通过体育教学，可以同时对学生的内在美和外在美进行指导。

（八）激发学生爱国情怀

课程思政在体育教学中还持续地发挥着激发学生爱国情怀的作用。体育教学中的思政元素，有大部分是关于对学生的思想政治水平的培养，它需要教师能够把握机会，将爱国精神融入体育教学之中，以此来激发和培育学生的爱国情怀。当观看一些重大的国际比赛，特别是当中国选手历尽千辛万苦获得奖牌，在登上领奖台国歌响起时，运动员及所有中国队队员和观众为之欢呼的时候，是民族情感和爱国情怀最突出的体现，对学生也会产生莫大的感染力。通过体育竞赛的形式，唤起学生的爱国情怀，树立为建设国家而努力学习的坚定信念等，这些都是课程思政在体育课程教学中的有力体现。

第二章
体育课程建设现状与改革的思考

体育课程建设是体育教学的根基，目前我国的体育课程设置取得一些显著的成果，同时也还存在着诸多问题，本节将对我国的体育课程现状以及未来展开分析。内容包括体育课程设置现状与原因分析、体育课程教学现状与问题分析、体育课程设置与教学改革的思考，以及课程思政引领下体育课程改革的理论与方法。

第一节　体育课程设置现状与原因分析

通过大量的资料研究和实地考察，对我国的体育课程设置现状有了比较全面的认识和了解，同时也发现课程设置不够完善的方面以及存在的问题，本节将重点对我国体育课程设置现状和原因进行分析。

一、体育课程设置的现状

自改革开放以来，我国的体育教育和课程体系已经经过了几次重大的改革，体育课程设置是保障体育教学效果的根基，是选择体育课程教学内容的有力依据。因此，体育课程的设置对体育教学有着多方面影响。我国的体育课程设置一直处于不断地优化和调整过程中，目的是与社会发展保持同步，以及符合国家对人才培养提出的更高要求。

（一）课程模块的设置

与其他学科不同的是，体育课不仅需要头脑进行思考、记忆，还需要身体力行进行实践和练习，以及用心参与每一个环节，即学生只有全身心地投入体育教学活动中，才能真正掌握体育技能，获得思维的提升和认知的拓展，在德智体美全方面得到成长。

体育课程模块的设置，就是对体育教学中理论、实践的比重进行合理安排，做到让学生在相同的时间内，获得最大的收获，在有限的时间里，能够全身心地投入学习，并获得较好的学习体验。在课程思政教学思想的引导下，在进行体育课程设置时，还应该适时增加思政元素，对学生的思想政治素养进行引导，帮助他们尽早树立科学的社会主义核心价值观和人生观，从而指导人生的发展更加顺利、更有价值。

体育课程模块的设置就是要对每一个组成元素进行合理的安排，运用科学的方法将体育课程设置进行不断优化和提升，使其符合国家对体育教学的整体要求，满足学生日益增长的学习需要，以及对最新的体育运动知识和技能的好奇心和学习欲。

（二）课程学时的设置

对体育课程学时的设置要根据学校的类型而定，比如，绝大多数非体育专业的院校其体育课程学时的设置基本上是一致的，或者是相似的，体育课只是作为一个专业科目，其课程学时设置和其他科目基本一致。而在体育专业院校中，体育课时设置的区别则体现在不同的专业上。一般选修课课程的学时控制在一个学期之内即可。

（三）就业指向性课程的设置

在体育专业院校中，就业指向性课程的设置非常重要，因为这些课程将直接指导，甚至决定学生的就业情况。一般地，体育专业院校对体育课程的设置都是以就业指向来分配的。与其他院校不同，体育院校中的大多数学生一般都具有特定的体育职业背景，他们的专业性是先经过实践考验而后才进入体育院校进行进一步的深造的。因此，他们的就业一般也是以其专业实践能力为重要依据而选择的。

在课程设置方面，一般地更加强调对理论专业知识的完善，从而使其专业性得到加强，能够胜任更高要求的工作。体育课程设置的目的，就是经过的系统培养之后，让这些学生在理论与实践方面都得到很好的提升，经过持续的努力，不仅其专业知识与技能得到加强，而且在就业市场也更具竞争力。整体而言，就业指向性的课程设置就是根据市场的需要进行课程设置，它更贴近市场实际需要，更有针对性。

就业指向性课程设置显得更为务实，在整个教学个过程中，非常注重培养学生的实践能力，以问题为导向，为了解决当前市场亟须解决的问题，而有机地将理论与实践相结合。另外，就业指向性是对专业性和职业性的完美结合，使学生在校学习期间所获得的训练都是以职业发展为指导的，他们的学习更加明确、更具可操作性。

二、体育课程设置存在的问题

尽管有了很好的课程设置理念，但是在实践过程中还存在着许多现实问题，这些问题导致体育课程设置还不能符合当前社会对人才的需要，也影响了体育教学的进一步的推进。

（一）理论设置不足

体育课程的特性决定了其在课程设置中必然要向实践倾斜，要让学生有大量的实践机会，获得自身亲身体验，获得第一视角的思考才能真正自己所能学到的知识和技能。然而，实际情况却是，在体育课程设置中过多地强调实践，留给理论课的比重明显不足，这将导致学生的学习缺乏系统性，也阻碍了学生对技能实践有更深刻的理解。

体育学科的传授应该做到理论知识与技能训练并重，只重视理论而轻视技能，或者只重视技能而忽略理论都是不科学不健全的，对人才的培养也会流于表面。因此，一定要尽快改善以上两种情况的延续，达到“知行合一”的程度，做到将所学知识与解决实际问题的能力相一致，这才能符合素质教育对人才的要求。

（二）课程设置缺乏连贯性

我国体育教学的设置是从小学、初中、高中直到大学本科，有一些大学在大三开始就不再进行体育课必修课的教学。有些学校虽然设置了一些体育选修课，但是因为没有学时的明确要求和管理，最后形同虚设，流于形式。在许多学校中，在大学二年级之后，我们的体育教学基本上就结束了，这显然与国家倡导的终身体育理念相违背，影响了学生终身体育意识的形成与终身体育锻炼习惯的养成。

加强体育运动能有效地促进人体的健康情况，而体育运动贵在持之以恒，就目前的体育课程设置而言，轻视对大三、大四甚至是研究生进行必要的体育要求，研究生阶段没有体育课的安排，也不在体质测试对象的范围内。这样的设置实际上是助长了学生将体育课仅作为完成学业或者拿到学分的一种手段，而并非将体育作为自身生活方式去培养。

总之，为了全面提升学生的体质，并将终身体育理念认真贯彻下去，那么就应重视体育课程设置的连贯性，保证所有在读的学生，都应该进行规律的体育学习或者体育锻炼。对于硕士研究生或博士研究生群体，尽管可以减少或者取消体育课设置，但是应该以俱乐部或者竞赛的形式，要求必须代表所在的学院或者课题组参赛，并认真进行常规训练和赛前训练。这是完善我国体育课程设置的重要举措之一。

（三）必修课与选修课的功能混乱

我国义务教育阶段的体育教学较为统一，而由于体育课程有必修课和选修课的设置，因此还出现了必修课和选修课功能混乱的现象。就我国目前体育课程设置的情况来看，设计必修课这样体现为流于形式，而选修课又有些草率，这显然不符合最初设置的初衷。国家对体育必修课的设置目标，是保证大学生在紧张忙碌的专业课学习中，同时也要发展出过硬的身体素质，这是为他们即将走进社会、参加更为繁重的社会工作而做的重要准备，但体育必修课显然并没有很好地发挥这一功能，大多数必修课仍然延续中学时的教学内容，而且也没有提出更高的标准，内容和形式都有明显的重复，这显然不能激发学生的学习兴趣。

此外，选修课的设置又过于随意，有一些课程的设立就是为了追赶社会流行风尚，满足学生们喜欢新鲜事物的天性，但是学校在师资、设备等软硬件方面并未做好准备就仓促开课，这也不符合选修课要丰富学生发展多项体育兴趣和技能的初衷。

由此可见，我国在体育课程设置方面还存在许多不足，尤其是必修课和选修课的设置略显混乱，与体育教学的预期不符，这一局面亟待解决。

（四）课程形式不规范

由于各校自主设置体育教学的内容，因此相应的标准、规范等都出现不规范或略显混乱的现象。比如有些课程的分类目的并不明确，课程的名字也不够准确和清晰，有时让学生根本不清楚这门课的主要教学目的和内容是什么。比如，有体育选修课，也有体育选项课；有体育实践课，还有体育技术课；有体育必修选项课，也有体育必修项目课；有体育与健康课，也有体育测评课；有体育俱乐部课，也有体育精英课等。这些课程名字起得五花八门，让学生一时很难辨别课程所教授的内容，这无疑将给正常的学习活动造成一定的干扰和混乱。如果连名字都读不懂，又如何选修呢？因此，这种现象应引起学校和教师的重视，并尽快改善，以保证课程设置的科学性和有效性，从而便于学生顺利进行体育课的学习。

（五）疏于培养专项技能

我们的体育课程设置还普遍存在另一个问题，就是重视对身体素质的发展，却忽视对专业项目的培育。尽管对于大多数非体育专业的学生而言，他们似乎不需要具备多强的专业技能，全面提高的身体素质对他们才更为有现实意义。然而事实情况却是，如果体育课的重点放在单纯的提升身体素质的训练上，那么将很难培养学生对运动的兴趣，也难于养成长期坚持体育运动的习惯。相反，如果能从专业出发，培养学生对某一项或某几项运动专业产生较为浓厚的兴趣，那么反而能激发他们自觉自发地进行体育运动的意识和习惯，长远来看，这有利于发展学生的身体素质，有助于实现终身体育的愿景。

（六）就业指向性不强

对于体育专业的学生而言，他们的体育课程设置中比较明显的不足是课程的就业指向性不强，甚至大多数情况下都是模糊的、模棱两可的。这就导致体育教学存在一定的盲目性，体育教学对社会和市场的需要并不清晰，学校从理论出发，却忽视了学生的就业需要，因此在课程设置方面缺少了针对性。最终尽管学生也付出了大量的时间和精力进行学习，但是并非具有真正的核心竞争力。接受多年的体育教育就是为了有朝一日可以服务社会、报效祖国，然而学校的课程设置却没有对此进行科学的组织，因此造成体育教学的有效性大打折扣，而且也带来了大量的人力资源浪费。

三、体育课程设置现状的原因分析

（一）没有透彻解读相关文件

和其他课程设置一样，体育课程设置也是有据可依的，随意为之的设置很难期待会产生理想的教学效果。而造成我们在体育课程设置中出现的诸多问题，其实和没有透彻解读相关文件具有直接关系。我国先后出台了相关的文件有《中共中央、国务院关于深化教育改革全面推进素质教育的决定》《学校体育工作条例》，以及《全国普通高等学校体育课程教学指导纲要》，这些文件对体育课程设置做出相应的规定，尽管这些规定并没有面面俱到地给出详细的方法和内容，但是对课程目标和重点内容都做出明确表述。如果进行深入透彻的解读，那么就会有效避免当前体育课程设置混乱的问题。课程目标、教学内容、教学环境、教学方法等因素是课程设置中的重要元素，其决定体育课程设置和执行的效果，它们既反映着学校对体育课程的理解和重视程度，又反映出学校当前体育教学方面的实际师资能力，因此对体育教学具有十分重要的意义。

（二）不清楚课程设置形式

对体育课程设置形式不清楚是导致体育课程设置混乱的一个主要原因，这主要是因为在义务教育阶段，体育课程的设置具有更多的规范性和约束性，基本上全国采用统一的教学设置，但也会根据自身的情况设计不同的教学方案。在课程设置方面，具有更多的自主性和自由度，虽然这对发展教学的多样性和灵活性有益，但是也使得课程设置较为松散。

造成这一现象的主要原因是，学校对体育课程设置的形式并不清晰，尽管大多数的体育课程设置都采用两种形式：必修课和选修课。但是对必修课与选修课的比例，必修课的设置目的和设置需要，以及选修课的设置目的和设置特点等都不甚清晰。

另外，我国的教育系统重视必修课有着非常悠久的传统，积累了大量的教学经验，然而对选修课的经验积累并不充分，这也造成在具体的执行过程中，对体育选修课的实施与组织缺乏系统、成熟的管理，学生对选修课的忠实程度不够，选修一些科目仅凭一时兴趣，而后又不了了之，因此造成体育选修课的教学效果并不理想。很多学生对选修课浅尝辄止，或者半途而废，并没有实现促进学生培养丰富的体育项目兴趣和技能的目标。

（三）教学目标、内容不明确

可以说体育课程的设置是较为松散的，既没有明确的教学目标，也没有确定的教学内容，体育课程设置更多的是一种形式，其内容设置往往经不住推敲。对于非体育专业的，其体育课程设置基本上以实践课为主，很少有理论课，对于具有较强认知能力和学习能力的大学生，却疏于对其进行理论的教学显然并不符合常理。而且，大学生的体育学习和训练具有更多的自主性，他们能够在课余时间自由安排体育训练和学习，如果没有扎实的理论知识的支撑，那么训练的效果也会受到影响，而且还可能带来运动损伤等隐患。

大学的体育课常常以小组练习、小组比赛的形式进行，如果没有明确的教学目标和教学内容，那么很可能将这些实践课变为体育游戏或者体育娱乐项目，从而降低了体育课程教学的效率。大学生具有较强的学习能力，本应该利用体育课充分地掌握和学习一些专项运动技能，培养稳固的体育运动习惯，但是由于教学目标和教学内容的不明确，学生们在体育课上真正学到的东西十分有限。

第二节　体育课程教学现状与问题分析

我国体育课程教学的现状是一个值得深入考察与研究的课题，只有对现状充分地了解，发现问题的根本所在，才能找到对症的办法去解决。本节将对体育课程教学的现状及其问题形成进行全面分析。

一、体育课程教学的现状

现阶段，国家不断强调在教育教学中注重学生的主体性，发挥学生的自主性，培养学生的核心素养。在新的教育理念下，体育教学必须积极响应国家的号召，加强改革。当前，体育教学正在经历变革，试图转变传统教育模式，建立与国家教育改革需要相符的新模式，力图改变以往教育模式下的弊端，朝着符合国家要求的方向发展。体育教学改革正在如火如荼地进行，当下处于非常重要的转型期、过渡期，即从传统教育模式转变为现代教育模式，这也说明体育教学处于新面貌替代旧面貌的阶段。新旧交替过程中，传统教育因素和现代教育因素难免会短暂并存，当新旧交替处于后期阶段时，现代因素会逐渐增加，传统因素不断减少，渐渐地，传统的不符合社会发展需要的因素完全被现代的与国家教育改革方向一致的因素取代，此时体育教学就实现了完全转变，但这需要一个过程，还需要我们在当下的过渡期和转型期不断努力。

（一）教学目标现状

体育教学目标的主要问题是定位比较低，将教学目标主要定位为增强体质，其实是体育教学目标中层次最低的一个目标。而且在体育教学中过分强调强身健体的基础目标，忽视了其他教学目标，这说明存在教学目标过于单一的问题，这直接导致体育教学扎根不稳、不牢固。如果只强调体育教学的健身功能和健康目标，因为一学期的体育课时毕竟是有限的，学生能够掌握的体育知识和技能也是有限的，所以说能对学生的身心健康有多大帮助，这是不好确定的，很多学生都把体育课当作修学分的工具，一些公共体育课更是流于形式，最终仅限于使学生强身健体。

（二）教学内容现状

体育教学内容的主要问题是长期没有明显变化、更新不及时、传统教学内容居多、脱离社会现实。由于一些体育教育工作者只认识到了体育教学的强身健体价值，所以他们认为即使是传统的教学内容，只要对学生身体健康有利就可以了，因而不再去对新的体育教学内容资源进行开发，导致体育教学内容长期得不到更新，学生一味学习陈旧的体育教学内容，久而久之，难免会对体育课失去兴趣。

当前，很多的体育教学内容和中学体育教学内容相差无几，并没有添加时尚流行的、更符合大学生身心特点的体育项目，忽视了大学生多元的体育需求。社会在不断进步，体育运动本身也在不断发展，新的体育理论成果和运动技能层出不穷，如果不与时俱进，及时将新的体育教学内容吸纳到体育教学体系中，那么终将导致体育教学的落后，影响大学生学习的积极性和热情。

（三）教学手段现状

体育教学手段的主要问题是模仿痕迹严重，而且教学手段既传统又单一，尤其是在实践课上，教师先示范技术动作，然后学生模仿练习，非常机械化，缺少师生互动和学生自主思考。造成这一问题的主要原因是传统教育理念对体育教师的影响颇深。

传统教育理念强调教师的主要任务是教，学生的主要任务是学，教与学分别属于两个教学主体（教师主体和学生主体）的责任，二者被分割开来，与教学相长相背离。在这种情况下，课堂的主动权完全由教师掌握，学生学什么、如何学，都是由体育教师主观决定的，学生学习的自主权完全被忽视。这种教育手段与学生实际脱离，无法满足学生的真正学习需求，最终教学效果不理想。

二、体育课程教学存在的问题

尽管我国体育课程教学取得了一定的改革成就，但仍然存在一些问题，这些问题是制约体育课程教学发展的一些障碍，也是指向下一次改革和提升的方向，因此只要认真对待，一定会为体育课程教学带来积极的影响。

（一）教学模式的制约性

不得不承认，我们的体育课程教学模式还是比较单一的，以教师讲课学生听课为主要形式。尽管我们也推行以人为本的教学理念，但是“形式会影响内容”，现有的教学模式对学生自主学习具有一定的制约性，因为学生已经形成了固定的认知模式，习惯了在教师的指令下去学习新知识、新技能，这种模式就会令学生的自主性无法完全释放和发挥，而且体育教学模式对学生的制约是全面的、整体的，应引起足够的重视。

另外，现有的教学模式还忽视了对学生创造力、探索能力的培养，这样的模式培养出的学生可能具备出色的执行力，但自觉性和开拓精神不足，长期下来会对体育课程教学的发展形成明显的制约。

体育教育模式以传统的程序化模式为主，其特点是以教师为中心，体育教师严格控制教学过程，忽视学生的自主性和能动性，使得学生的学习积极性受到严重影响。在体育教学中，体育教师过分强调高负荷强度的训练，没有将素质教育理念融入体育教育中，忽视了对学生积极主动性和学习兴趣的培养，重智育和传授知识与技能，轻视对情感态度和综合能力的培养。这表明应试教育观念根深蒂固，素质教育、全面教育、创新教育等现代教育理念还需要很长的时间才能被完全认可并付诸实践。

传统教学观念影响下形成的体育教育模式的落后性表现如下。

1.教育目标的落后

面向大多数学生的体育教育目标缺乏长远性，面向少数体育后备人才的教育目标虽然有长远性，但教育目标过分强调健康目标、运动技能目标，忽视了智育目标、素质教育目标、全面发展目标等，导致体育教育的本质功能无法得到充分发挥。

2.教育内容的落后

体育教育内容的主要问题在于与中学体育教育内容衔接不当，弹性不足，内容单一，不够丰富多元，缺乏创新，对学生的个性化发展和全面发展不利。

3.教育方法的落后

体育教育方法比较单一、陈旧，存在模式化、机械化问题，而且教师在实施教学方法时重灌输，轻指导，对学生的自主能动性和创造性造成了影响。

（二）教学设施有待更新

体育教学在一定程度上会相当依赖教学设施的数量和质量，先进的体育课程教学理念、丰富的体育课程教学内容，还需要全面的硬件设施和先进的软件的支持。很多学校受经费的制约，导致其教学设施陈旧、不足，因此对体育课程教学设置的实施带来阻碍。

崭新的体育教学设施能激发学生的学习热情和投入程度，而陈旧甚至年久失修的设施会打消学生的学习积极性，因此，学校需要重视对教学设施的维护和及时更新，重视教学硬件和环境的营造，也有助于提升体育课程设置的落地和实施效果。

不管是开展体育教学活动，还是开展课外体育活动，体育场馆设施都是必不可少的基础条件。我国高等院校体育场地设施的规模、规格等和中小学相比达到了较高的水平，但因为受国家经济条件和教育投入的影响，再加上不断扩大招生规模，大量的在校生与较少的体育场地及器材构成了明显的矛盾，导致体育教育基础设施环境建设面临着剧烈的挑战。体育场地设施缺乏也与有关部门思想上不重视体育教育有关，当前体育教育基础设施条件与新形势下体育教育改革要求和趋势严重不符，无法满足体育教育的发展需要。

具体来说，体育基础设施主要存在下列几个方面的问题。

第一，体育场馆和器材设备数量少，有些体育项目的器材设施严重短缺，制约了体育教育的开展。

第二，现有的体育场馆、器材大都是与开展的热门体育项目对应的，如田径、篮球、健美操等，而其他体育项目对应的场馆设施则较少，如游泳馆、足球场等。体育场地设施配置的单一性使得很多学生的运动需求得不到满足。

第三，体育场馆器材大都比较陈旧，存在严重的老化现象和破损问题，影响了正常使用。

（三）师资力量有待提升

体育课程教学的有效实施还需要体育教师具备相应的能力，教师的高度就是学生的起点，教师的能力决定了教学的质量和效率。因此，应加强对体育教师的定期考核和培训，通过提升体育教师的能力来促进体育课程教学的质量和水平。

而现在存在的问题是，体育教师的教学能力参差不齐，他们的专业技能和综合素养本身就存在一定的差异，再加上从业后缺乏培训和提升，有些体育教师只靠吃老本维持职业生涯的延续，这显然对当前的体育教学造成一定的拖累。因此，体育教师的专业技能和综合素质亟待提升，否则会成为体育教学发展的一个明显阻碍。

体育教师是体育课程教学的组织实施者，是体育教育改革的探索者，也是体育教育的研究者。随着体育教育的现代化改革与发展，对体育教师的专业素质、教学能力提出了较高的要求，但目前我国体育教师专业化建设进程缓慢，师资队伍整体水平不高，具体存在以下几个主要问题。

1.教师数量不足

体育教师数量不足是体育师资建设缓慢的主要表现之一。在校大学生的数量与在职教师的数量应保持合适的配比，尤其是高校招生规模扩大后，也要相应增加教师的数量，跟上“扩招”的步伐。但目前体育教师的培养速度显然落后于扩招的速度，师生比例严重失调，现有体育教师工作负荷不断增加，最终教学质量堪忧。

2.高学历水平与高级职称的教师比例偏低

我国在职体育教师的结构不够合理，主要表现在学历结构和职称结构上，具体问题表现为高学历教师和高职称教师在体育师资队伍中所占比例较少，体育教师的学历水平和职称级别水平整体比其他学科教师队伍低。体育教师队伍学历水平偏低、职称级别整体不高、结构不合理的现状制约了体育教育的深入改革与进一步发展，也不利于培养优秀的体育创新人才。

3.教师专业素养不高

我国体育教师大都毕业于体育教育专业，体育教育专业在培养教育人才方面存在重技术、轻理论的弊端，而且在育人方面忽视了将自然科学知识教育与社会科学知识教育融合起来，结果导致体育教育专业学生毕业后走向体育教师岗位后因专业素养较低、综合素质欠缺而无法适应社会发展与教育改革的需求。

（四）理论教学薄弱

通过开展体育理论教学，能够使学生对体育基础理论、基本知识、健康常识、运动保健知识等有基本的了解，并能使学生利用理论知识去指导运动实践。

青少年学生的身心还处于重要的发展阶段，既要学习文化知识，又要进行身体发展，同时还要兼顾对精神品质的训练，因此他们十分需要教师、学校、家庭以及社会全方位的支持和帮助，但是就思政教学而言，相关的理论研究还处于起步阶段，因此表现为理论教学相对薄弱。对此，开展体育理论课教学很有必要，通过理论教学，能够培养大学生的体育知识素养、正确的体育观念和良好的体育态度，使学生树立终身体育观念，自觉参与体育锻炼。

当前我国很多学生的体育意识比较薄弱，掌握的体育理论知识不够丰富，体育运动观念也不够科学、准确、先进，从而导致其运动锻炼的积极性不高，运动锻炼效果不佳，体质健康水平下降，并影响了其他素质的协调发展。造成这种现象的原因之一是理论课时少，理论课教材陈旧，教学内容的针对性不强，缺乏具有长期性和终身性的教学内容，理论教学内容体系有待完善。

（五）教育评价的落后

体育教育评价方法比较单一，主要采用终结性评价法、技术评价法，对过程性评价、情感态度评价以及个性化评价不够重视，而且一味强调不同学生之间的横向对比评价，忽视了对学生的纵向对比评价，从而忽视了学生的进步和变化，不利于调动学生的学习积极性。

（六）管理水平低下

体育工作管理是一个庞大而复杂的系统工程，是教育管理系统的重要组成部分之一。当前，我国体育教育管理薄弱，管理模式落后，存在诸多问题，与管理改革的时代要求不符。管理体系的落后导致体育教育管理的功能得不到充分发挥，体育教育工作得不到很好的监管，使得体育教育出现秩序不规范、质量下降等严峻的问题。

体育教育管理水平低下具体表现为管理制度的缺失和不完善，如缺乏良好的激励机制、教育评价机制、教师培养制度等，缺乏科学有效的管理措施，对体育教育中涉及的物质资源、人力资源以及财力资源缺乏全面的管理和有效的配置。

（七）教育技术落后

现代教育技术的兴起与发展及其在教育中的不断渗透与广泛应用促进了教育水平的提高，对各学科教学都有积极的促进作用。但现代教育技术在体育教育中的应用相对其他学科教育是比较少的，这与体育教育观念落后、体育教育实践课在室外这一特殊环境下进行直接相关。教育技术落后限制了体育教育的改革与发展，这个问题具体从以下几方面体现出来。

第一，体育实践课的实施场地是室外运动场，现代教育技术需要在固定的地点才能有效实施，这就制约了现代教育技术在体育实践课上的应用，使现代教育技术无法服务于体育课。

第二，不同的体育教师在教学观念、教学能力、业务素质等方面各有差异，因此对将现代教育技术运用于体育教育中的态度也不尽相同。有的体育教师对现代教育技术不熟悉，操作能力差，因而在体育教育中放弃了对现代教育技术的运用，最终制约了现代教育技术的普及。

第三，现代教育平台缺少专门的体育教学网站，现有的网络教学平台结构功能有待完善。

第四，体育教学中电子教学课件的制作比较难，课件缺乏较强的操作性，因而在体育教育中很少开发通用性的教学软件。

第五，部分体育教师过度依赖计算机教学手段，无论教育内容是否适合运用多媒体课件来传授，均制作多媒体课件进行教学。

第六，体育教师尚未全面了解现代教育技术的内涵，简单地认为现代教育技术就是现代化的教学工具和教学手段，在运用时没有将其与教育过程深入融合，制约了现代教育技术功能价值的发挥。

（八）学生身体素质不高

大学生是体育教育的重要主体，体育教育的水平和质量直接反映于学生的体育观念、体育意识、体育锻炼情况以及身心素质等方面。调查了解到，很多大学生的体育意识薄弱，体育观念落后，没有养成良好的体育锻炼习惯，课余时间参加体育活动的学生以男生居多，女生较少，大学生掌握的健身锻炼方法较少，运动能力较差，运动保健技能水平不高，最终导致身体素质较差，体质健康状况不理想。大学生体育观念落后、体育锻炼行为习惯不佳以及身体素质水平不高与体育教育内容单调、体育教育方法落后有直接的关系。

第三节　体育课程设置与教学改革的思考

体育课程设置是一个复杂的、系统的工程，而且需要长期的理论研究、实践检验才能最终确定。并且，体育课程设置也不是一蹴而就的，需要持续的优化、完善才能适应社会发展和学生学习的需要。

一、体育课程设置要把握好基本特征

体育课程的设置主要包含两个方面的因素，一个是体育教学系统，一个是学生身心发展规律。体育教学体系是实现体育课程目标的手段和方法，而学生身心发展规律是进行体育课程设置的重要依据。想要从根本上理解体育课程设置，需对以下几个特征进行把握。

（一）目的性

体育课程设置具有明确的目标，并且就是在这一目标的指导下建立起来的。具体而言，体育课程设置是为了把系统的体育知识和技能传播给学生，以发展学生的身体素质、提升其运动技能、养成运动意识和习惯为主要目标。

（二）整体性

体育课程设置是一个完整的、连续的系统，具有整体性特征。尽管体育课程是以一堂堂独立的体育课构成的，但是这些体育课具有极强的内在联系，属于一个整体教学活动的一部分，且不可分割。体育课程不是简单的集合，也不是内容的拼凑，而是为了实现某些教学目标而经过科学、严谨的编排或设计的，这些内容之间彼此呼应、相互支撑，共同形成一个有机的整体。

（三）动态性

体育教学课程本身具有一定的动态性，是处于持续发展的过程中的，并非一经设计好就不允许改变。相反，体育课程设置总是根据社会和国家的发展需要、根据不同时代学生的学习需要而进行科学的调整，使其不断完善和进步，以为国家培养优秀的人才为根本目的。体育课程设置的动态性主要体现在体育教学系统的成长性，它会不断吸收文化、科技、意识进步的精华而进行自调整，会主动适应社会的变化，才能使体育教学在渐变中持续发展。

（四）开放性

体育课程设置具有开放性的特点，无论是在构建之初，还是当课程设计完毕，它始终保持一定的开放性，以便于随时吸收社会上最新的技术应用，以及吸取符合国家发展建设基本价值观的最新文化动向，这些都是保证体育课程领先的必要前提。

作为一个开放性系统，体育课程设置对社会、学校、教师和学生也是开放的，允许他们提出建议或者意见，从而使体育课程能够接受来自各个方向的监督，使其不断完善。

二、体育课程设置与教学改革的策略

（一）做好课程思政的总体规划

在目前我国的绝大多数体育课程设置中，比较突出的问题是，不同年级、不同地区的体育教学，在课程思政方面缺乏总体规划，体现为毫无章法，各自为政的特点。那么长远来看，则无法保证课程思政的教学质量，对学生的价值如何引导也难以把控。总之，目前采取的是一种类似摸着石头过河的方式进行课程思政的设置，其效果可想而知。若想改变这一现状，首先需要从全局出发，做好体育课程思政的整体规划，不同类型的课程具有不同的定位，发挥着不同的功能，通过整体的规划和布局，使体育课程设置发挥出应有的作用。

（二）改进课程考核的评价体系

通过改进体育课程考核体系，也是提升和优化体育课程教学设置的一个重要途径。在体育课程的设置中，考核和评价体系也具有重要的作用。比如，改变单一的评价体系，建立更加全面的、系统的，具有积极意义的评价体系，进而激发学生产生更强烈的求知欲和参与感。不仅评价学习的成果，还有学习态度、学习方法，在面对困难时候表现出来的积极应对的精神品质等。

全面的评价系统就是要对结果和过程都能做出客观的评价，让学生建立全方位的认识和了解自己的视角，从而不会轻易妄自菲薄，也不会轻易骄傲自满，这对学生的全面成长具有重要的意义。把结果评价和过程评价，主体评价和客体评价合理结合起来，特别是重视对学生的行动力和努力进行积极评价，比如通过努力在原有水平上得到多少提升等。在现有的基础上，建立一种趋于合理的评价体系，这是对现有体育课程设置的重点改革措施。

（三）加强体育课程设置的创新

在体育课程设置方面应加强创新。创新是改革的重要途径，是最有力的提升体育课程设置的手段，在体育教学中，教师应将创新时刻记在心里，并且能够在课程设置的环节尽量加强创新的元素，为体育课程设置的不断优化做出努力。

在具体的创新过程中，一般需要从以下三个方面入手。

1.思维创新

思维创新是指教育工作者在长期的教学实践中，应有意识提醒自己保持思维不断进取、不断创新。体育教育工作者应深入思考当前社会的发展方向，敏锐地察觉社会发展的动态和趋势，以及时代对体育教育的需求等相关信息，并立足当下的教学活动，将这些重要的趋势、动态进行创造性的借鉴，并应用在体育课程设置中，从而对体育课程设置进行补充和创新。

现代社会发展迅速，然而社会发展需要人才的推动，作为以培养学生德智体美多重功能的体育教学，承担着义不容辞的责任和义务。未来社会，对人才的要求趋于多元性、复合性和专业性，复合型人才，即综合素质过硬的人才是未来社会建设的中流砥柱。对于体育教学课程设置工作，应把握这一时代发展动向，努力将体育课程教学设置符合这一时代要求，改变原有的僵化的教学思维，积极探索教育新路径、新方法，与当下社会的发展进程紧密结合。特别是密切关注世界体育产业的发展趋势以及中国体育产业发展的诸多可能性。要特别强调的是，教育在当下社会的意义尤其重大，要避免按部就班的惰性思维，否则会对人才和社会造成双重损失。

2.理念创新

教育理念是指导体育教学的根本，重视对教育理念进行创新，将促进体育课程产生质的改变。在体育课程设置上应当引入多元的教育理念并进行创新，以培养具有丰富的知识结构和综合能力的人才为目标。教育理念的创新，关注人才是否与社会需要相适配等问题，而非仅仅盯住考试成绩一个因素。学生未来进入社会后，是其综合能力的竞争，也是对其是否具有较强的学习能力以及持续自我更新能力的考验，而这些能力都需要在教学设置中得到体现。

体育课堂教学不是孤立存在的，应该与其他学科、学生的生活环境、社会环境等相联系，使体育教学更加灵活、生动，具有较强的实践性，贴近学生的日常生活，从而形成一个以学生为中心的全面的、系统的且相互呼应的学习环境，这非常有利于发展学生的综合素质，并将理论联系实际，让学生在学习和实践中无障碍切换，这样不仅能提升学习效率，而且学习效果也更好。

总之，学校的体育教学应及时优化自身已经僵化的、过时的部分，加强教育理念的创新，完善新时代的体育教育观。

3.教学体系的创新

先进科学的教学体系是支持教学过程顺利开展的基础，由于教学的根本任务是为国家培养人才，是为未来社会建设作准备，那么就要求教学体系必须不断地优化与创新，以保持其领先于人才的发展。

教学体系的创新需要从教育理念、信息技术应用、构建现代化的教学环境，吸取社会上的优质资源而为教学所用，等等。

总之，教学体系的创新是一个系统的工程，需要各方力量的支持，需要长期的努力建设才能实现。

（四）树立“健康第一”的指导思想

体育教学改革的成功与否直接受体育教育观念是否先进、体育教育指导思想是否正确的影响。是否按照素质教育的要求树立体育教育观和建立体育教育指导思想，对体育教育功能的发挥及体育教育质量产生了直接的影响。是否有先进的体育教育观念和明确的体育教育指导思想，对体育教育目标制定的合理性及目标的实现情况也有直接影响。

一些体育教师的教学观念比较落后，教学思想比较保守，传统的教学思维方式对体育教学改革造成了严重的影响和阻碍，对此，必须及时转变教学思想，更新教学观念，如此才能使体育教学改革取得突破，促进体育教学改革的不断深化，使体育教学改革成果取得质的飞跃。在新时代背景下，我国要立足国情，按照体育教育规律展开教学改革，优化教学思维方式，促进体育教学的纵深发展。

要进一步深入改革体育教育，就要树立“健康第一”的指导思想，对体育教育的深层次内涵进行挖掘与探索。以学生为本，就要关注学生的身心健康和全面发展，关注学生的长远发展，这是人本主义教育思想的基本要求。

（五）合理选用教材

在体育教学中不能忽视合理选用体育教材的重要性和必要性，选用适合的体育教材，有助于积极改善体育理论教学与体育实践教学。不同的地区因为各方面因素的影响，开设的体育课程存在一定的类型差异，不同地区大学生的身心素质、运动基础、学习能力也存在差距，所以要选用何种体育教材，需要从实际出发进行理性分析，建立科学的多元化的体育教材体系。更应结合本区域文化特色大力开发能够突显独特文化特色的优质体育课程，满足学生的多样化。

学校应注重本校体育教材的质量问题，编撰符合教学实际的体育教材，在获得有关部门审核批准的前提下，使用本校撰写的校本教材。

（六）努力丰富教学内容

教学内容是学生直接接收到的信息，是体育教学中最重要的媒介。有些学校疏于对体育教学内容的更新和优化，至今还沿用十几年前的教案。社会在发展，时代在进步，然而体育教学内容却早已过时，在这样的条件下谈何创新？因此，学校体育教学必须高度重视教学内容的更新迭代，使其与当前社会发展保持一致。在信息技术如此发达的当今社会，学校和体育教师有义务、也有能力将最新的体育教学内容引入课堂，以备学生得到最新的知识和讯息，从而提升教学效果和质量。

（七）建立符合实际的教学模式

不同学校的体育教学条件、大学生的身心素质及运动素质等均有差异，因而不同的体育教育方案也是不同的，应严格贯彻因材施教的教育原则。体育活动形式本身就是丰富多样的，丰富多彩的室内外体育活动应融为一体，课内外体育活动应有机联系与结合。可以通过优化教学目标、改革教学手段、丰富教学内容、创新教学组织形式等方法来着手体育教育研究和探索，从而建立与学生兴趣相符、能够激发学生学习热情以及能有效提高体育教育水平的体育课程体系，使之与体育的整体发展趋势相适应。

（八）建立与完善体育课程组织体系

体育课程组织形式丰富多样，选择什么样的组织形式要参考学生的兴趣爱好，应从学生兴趣出发开展体育课程的组织工作，充分把握学生的心理特征、合理需求，搭建网络选课平台，给学生自主选择的机会。不能强行给学生安排他们不感兴趣的体育课程，否则会引起学生的反感心理，得不偿失。

体育必修课要符合国家规定，具有多元化的课程组织形式，选修课要满足学生的个性需要。还应从本区域的自然文化特色和社会文化特色出发设置有特色的校本课程，将本地特色项目作为选修课的内容，设置的运动项目既要有本地特色，又要能吸引学生的兴趣，满足学生的需求。

体育俱乐部教学也是当前比较流行的一种课程形式，俱乐部运动项目丰富、有特色，能够调动学生的参与热情和积极性。体育俱乐部的管理者一般由有体育特长的学生担任，这能够锻炼学生的组织能力和管理能力，提升学生的综合素质。体育俱乐部作为体育必修课和选修课的重要补充，既健全了体育课程组织形式，又丰富了体育教育内容，提高了体育教育水平。

（九）改善师资教学水平

为优化教师队伍，可引进新的体育教师，为教师队伍注入新的活力，使得教师教学环境变得朝气蓬勃。另外，也应不断提高体育教师的专业水平，合理安排教师进修，使其了解新的体育专业知识，拓展知识面，与时俱进。应支持体育教师进行教学研究，注重对体育教学、素质教育以及教学发展趋势的研究，将理论研究成果运用到实践教学中，不断提升体育教师的综合能力，最终提高体育教学质量。

第四节　课程思政引领下体育课程改革的理论与方法

课程思政引领下，体育课程改革是必然的趋势，本节将针对体育课程思政改革的理论和方法展开研究。

一、课程思政引领下的体育课程改革的理论

（一）课程思政引领下体育课程改革的内涵

课程思政作为一种全新的教育理念，是我国在教育理念方面的一次重大创新，它不同于一般的思政课程，也不同于单纯的体育教学，是将两者进行创造性融合，将学生们不太容易理解和接受的思政内容，借助体育课程中遇到的现实问题，适时地引导学生如何理解、如何思考，并通过这一过程引导学生去思考如何面对问题，特别是一些涉及价值观的问题，是勇敢地想办法积极解决，还是被动地逃避退让。

学校的教学始终围绕着立德树人这一根本任务。将社会主义核心价值观等思政元素与体育教学实践相融合，以学生们最容易理解和接受的方式进行现场教学，这是体育教学的优势，也是体育课程改革的大方向。体育教学具

有很多优势，可以将思政元素充分、广泛地融入教学的各个环节，通过充分发挥体育课程蕴含的育人功能，潜移默化地引导学生树立正确的人生观、价值观和世界观，并且让学生能够通过自己的亲身实践，真切地参与，获得思想实验和体会，最终目的是培养德才兼备的社会主义建设者和接班人。

通过利用体育课程本身的特点，或深入挖掘其内在的思政元素，继而将这些思政元素融入课堂教学中，使体育课堂教学的维度更加丰富，内容更加广泛，这也会激发学生学习体育课程的兴趣，提升学习效果，并且也有助于实现知行合一，促进学生的全面发展。

（二）课程思政引领下体育课程改革的要求

在课程思政思想的引领下，体育课程的改革就是将体育教学与思想政治教学相结合，提升体育教学的深度和宽度，同时给学生带来更加生动、立体的学习体验。对体育课程进行思政课程改革，既是一个改变体育教学的时代使命，也是对当前教育工作者提出的全新要求。

1.思想政治是学校教学的底色

对学生进行具有中国特色的社会主义核心价值观的引导，加强思想政治素养的不断提升，一直都是我国教育的基本内容。由于改革开放，我国在这几十年来发生了巨大的变化，在经济、政治、文化等各个方面都取得了惊人的成就。与此同时，随着国门的打开，来自国外的良莠不齐的文化思潮也随之汹涌涌入我国，这对我国青少年群体造成了一定的影响。对此情况国家非常重视，因此提出了课程思政这一开创性教育理念。课程思政是一种更加贴近学生生活实际的教学方式，是将思想政治教育融入学生学习的方方面面。

在课程思政引导下，我国体育课程改革的基本要求是，明确学校是为国家建设培养人才这一根本使命，教育的最终目的是为中华民族的伟大复兴、为世界和平、稳定和发展作出贡献。在这一总体思想的指导下，做好学校体育课程教学的设置与布局，坚持党的全面领导，以马克思主义为指导，贯彻好党的教育方针，将社会主义核心价值观等内容融入体育教学，从而培养学生具备完善的价值观、世界观和人生观，并且早日树立人生奋斗的目标，为国家及社会做出自己的贡献。

2.遵循以人为本的教育理念

体育课程以思政为核心进行改革，是一项具有历史意义的教育工作，因此也要遵循我国的传统文化与价值观。在课程思政新理念和新要求下，学校体育课程应尽快打破原来的仅仅注重对体育技术的教学的惯性，应拓宽体育教学的维度，除了身体素质和运动技能之外，还要将思政元素融入体育教学。需要注意的是，对学生开展思政教育需要结合当下文化发展趋势，从学生最熟悉和感兴趣的话题入手，从学生的生活学习实际情况着手，不要生搬硬套、照葫芦画瓢，而是激发学生自主学习的欲望，并有动力自觉自发地进行学习，并产生良性的正向循环。因此，在课程思政背景下的体育课程改革，需要重视以人为本的教学理念，应尊重学生的身体和认知的发展规律，科学开展体育课程的思政教学。

二、课程思政引领下的体育课程改革的方法

（一）设立多种单项体育俱乐部

相对于传统的体育课堂教学，还可以尝试建立各种形式的单项体育俱乐部的教学形式，单项体育俱乐部更有利于发展学生对单项运动的兴趣和技能，促进他们专注于某一项运动项目，能够深入地进行学习和训练，这对培养学生的长期兴趣是非常重要的。单项体育俱乐部是体育课程教学设置的有力创新，是一次具有重大意义的教学突破。这些俱乐部面向全体学生，将课堂教学延伸到课外锻炼，给学生创造了更大的探索空间，而且，通过鼓励学生参加自己感兴趣的体育俱乐部，不仅是尊重学生的个性发展，而且让他们有机会加入家庭和班级之外的另外一种集体环境，这有利于培养学生的人际交往能力和社会适应能力，对开阔视野也具有积极作用。

（二）组织多样的校内体育竞赛

对于体育课程设置不应仅仅局限于课堂体育教学，还应努力开发课堂外的教学空间，为学生解锁更大更广泛的体育学习的途径。比如学校积极组织和设计多种形式的体育竞赛就是其中一种重要的形式。组织专项体育竞赛、综合体育竞赛、趣味体育竞赛等。每一种竞赛规则各有不同，有不同的侧重，这样可以极大地丰富学生们的运动兴趣，有助于他们施展不同的运动才华。重点是激发学生对体育运动的兴趣，并且在训练和比赛中锻炼他们的运动技能、团队协作能力、组织能力，加强其自信心和意志品质的磨炼。总之，这种丰富有趣的校内体育竞赛可以同时达到健身、娱乐和教育的多重效果。

（三）转变体育教师的思想观念

体育课程教学设置的改革还与体育教师的思想水平和教学理念相关。不得不提的是，我们的体育教师思想水平素质参差不齐，甚至有相当一部分思想意识比较落后，由于自身的文化基础相对薄弱，自我知识更新能力也较差，因此就出现“吃老本”的现象，他们从教数十年后，一直还延续着以往的教学思想和观念，这显然会制约当前的体育教学过程。

因此，学校应加强对体育教师思想意识水平的培训和提高，使他们与时俱进不断拓展自己的认知和专业素养，作为人民教师更应该具有终身学习的意识和能力。思想是行动的先导，只有从思想上首先得到提高和进步，才能在教学实践中带领学生进行更高效的学习和训练，不仅让学生的身体和体育技能得到科学的提高，同时还发挥出思政育人的职能。

第三章
课程思政引领下体育课程教学目标的改革

课程思政是近些年来我国体育教学中非常重要的一个教学理念，是对以往常规教学的一个具有创造性的突破。本章将对课程思政引领下的体育课程教学目标的改革进行详尽分析，具体内容包括体育课程教学目标概述、体育课程教学目标的编制与优化、课程思政引领下体育课程思政目标的设计，以及体育课程教学的德育目标及实现策略。

第一节　体育课程教学目标概述

一、体育课程教学目标的概念

体育课程教学目标指的是由体育课程教学活动主体预先确定的、在体育课程教学活动中所要达到的、利用现有技术手段可以测量的教学结果。[①]

从体育课程教学目标的概念来看，体育课程教学目标是体育课程教学应达到的标准和力求实现的预期结果，不管是体育教师还是学生都要达到这个标准与结果，具体来说，就是体育教师要实现教的预期目标，学生要达到学习的预期结果，师生要相互配合，共同达到理想的教学目标。

在一定教育观念下提出的体育课程教学目标表现出鲜明的价值取向，在体育课程教学的整个过程中或在某个教学环节都能够体现出这一价值取向。对体育课程教学目标的基本价值取向应该有正确的认识与理解，这对我们进行体育课程教学目标的制定具有重要帮助。

二、体育课程教学目标的特征

体育课程教学目标具有以下几方面的基本特征。

（一）体育课程教学目标是对教学的预设

首先，在正式的体育教学之前，体育课程教学目标已经对教学效果做出一定的预期和预设，这个结果是在体育课程教学活动开展之前就明确提出的，是对体育课程教学的一种具象化引导。

其次，体育课程教学是为了实现一些特定的教学目的，一切教学过程中的努力都是围绕这些目标而设计的，因此，它对未来的教学有着明确的期待和清晰的目标，这正是体育课程教学目标的预设性的体现。

① 夏越.现代高校体育教学研究[M].北京：北京理工大学出版社，2019.

（二）体育课程教学目标是可实现的结果

通过开展体育课程教学活动，从而在一定程度上实现了体育课程的教学目标，这是对体育教学的一个有效论证与实践的过程。体育课程教学目标比学校体育目标更具体、更具可操作性，是能够直接指导体育教师进行教学的有力辅助工具，是体育教学中不可或缺的元素。

（三）体育课程教学目标具有强系统性

体育课程教学目标具有自己的系统性和完整性，其纵横交错、有机衔接。体育教学过程的形式是以一节节的体育课实现的，但是在教学目标上，有着很强的系统性，每节课之间有着不同的内在连接方式，彼此呼应、互相支撑，进而构成了一个具有较强系统性的课程体系。

三、体育课程教学目标的构成

体育课程教学目标是由学校体育目标、体育课程教学总目标、体育课程教学单元目标、体育课程教学课时目标组成的，如图3–1所示。这些目标之间具有递进关系。下位目标是上位目标的具体化。

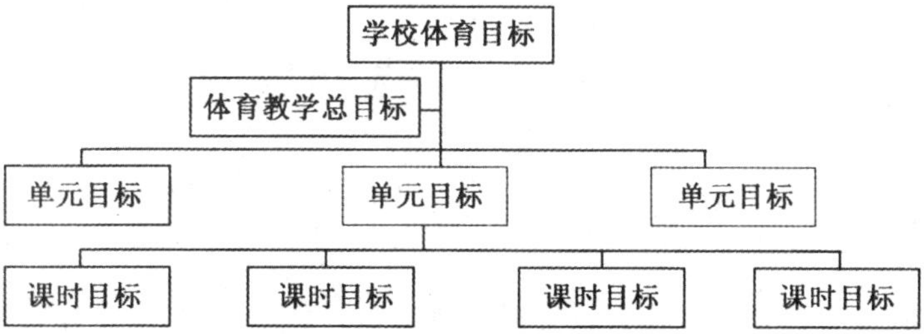

图3–1　体育课程教学目标结构①

① 李启迪，邵伟德.体育教学基本理论研究[M].北京：北京师范大学出版社，2014.

（一）学校体育目标

学校体育目标是严格按照国家体育教育要求而制订的学校教学目标，它具有明确的指向性，对结果和过程有具体的要求，并且为了保证目标的实现还制订了相应的标准、要求、原则和评价机制，在这一系统十分完善的机制约束下，学校体育目标基本上都可以得到实现。

（二）体育课程教学总目标

体育课程教学总目标是对学校体育目标的教学分解，以课时的形式进行目标分配，是教师实施体育教学的总体依据。

（三）单元目标

单元目标是对体育课程教学目标的进一步分解，体育单元教学目标具体可划分为三种类型，分别是独立型（图3–2）、阶梯型（图3–3）和混合型（图3–4）。

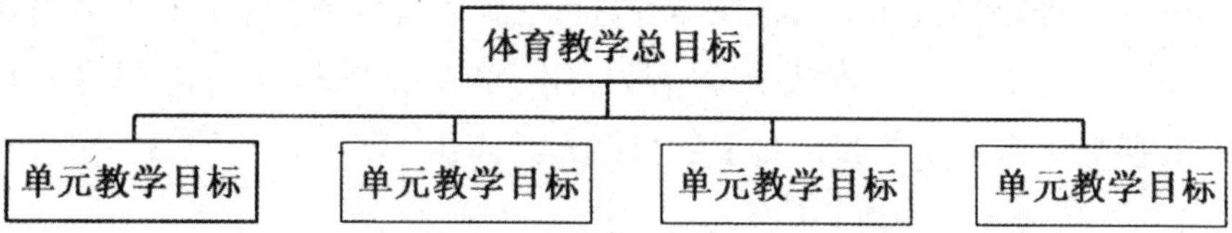

图3–2　独立型单元目标[①]

① 张振华.体育教学理论与方法[M].北京：北京师范大学出版社，2016.

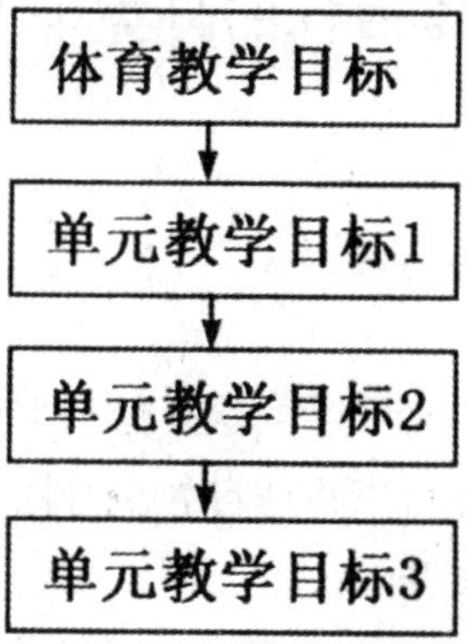

图3-3　阶梯型单元目标

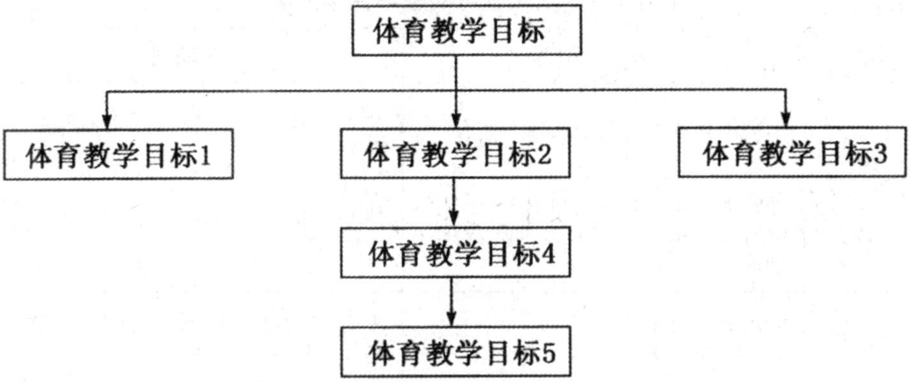

图3-4　混合型单元目标

（四）课时目标

体育课时教学目标是体育教师每一个教学活动的最小单位，是执行体育教学的最直接的手段，课时目标要具体、明确，简单、可执行，要根据学生的实际情况实施，并具有一定的弹性空间，即可以因为场地、天气或者学生的出勤情况而做灵活调节，但要以不影响教学总目标的实现为前提。

四、体育课程教学目标的分类

（一）认知领域的教学目标

教学的过程始终是以提升学生的认知为基本任务，在体育课程教学目标分类中，从学生认知的角度可以将体育教学目标分为知识、领会、应用、分析、综合和评价几个部分展开。

体育认知领域的教学目标，从简单到复杂依次可以分为表3-1中的6个层次。

表3-1　认知领域的教学目标分类[①]

层次	一般目标举例	行为动词
1.知识	知道体育领域的名词和基本概念	界定、描述、指出、列举、选择、说明
2.领会	理解动作要领和有关知识 将有关知识从一种形式转换成另一种形式	转换、区别、估计、解释、归纳、猜测
3.应用	应用概念及原理 应用定律及学说	改变、计算、示范、发现、操作、解答
4.分析	评鉴资料的相关性，分析一项作品的组成结构	关联、选择、细述理由、分辨好坏
5.综合	写出一组完善的动作要领	联合、创造、归纳、组成、重建、总结
6.评价	运用内在材料评判所学内容的价值 运用外在标准评判所学内容的价值	鉴别、比较、结论、对比、检讨、证明

① 龚坚.现代体育教学论.重庆：西南师范大学出版社，2009

（二）动作技能领域的教学目标

体育教学的主要内容是在教师的带领下，让学生充分进行身体运动和技能训练，因此，从动作技能学习的角度进行分类也是一种常见的体育教学目标分类方法。

动作技能领域的教学目标从低到高依次分为表3–2中的7个层次。

表3–2　动作技能领域的教学目标分类

层次	一般目标举例	行为动词
1.知觉	口述运动器械各部分名称 复述动作要领	描述、使用、抄写、理解、解释
2.定势	评量身体的起始动作 调查反应的意愿	选择、建立、安置
3.指导下的反应	描述所观察到的示范动作并正确模仿	制作、复制、混合、依从、建立
4.机制	正确、熟练地完成技术动作	操作、练习、变换、固定、修理
5.复杂的外显反应	完成精确的技术动作 演示复杂的技术动作 完成一套连贯的技术动作	组合、修缮、专精、解决、折叠
6.适应	迅速有效地掌握新动作 根据自身实际编制一套技术动作	改正、计算、示范
7.创作	改良动作技术 发现新的练习方法 创造新的表演方法	设计、发展、创造、筹划、编辑

（三）情感领域的教学目标

一个人的情绪控制能力、是否经常具有积极健康的情绪体验以及对自身和他人情绪的敏感程度，都是衡量其情感健康与否的重要指标，是心理健康水平的重要体现。在体育教学目标中，对学生情感健康的引导也是一个重要的分类方法。

情感领域的教学目标按照价值内化的程度可以分为表3–3中的5个层次。

表3–3　情感领域的教学目标分类

层次	一般目标举例	行为动词
1.接受	注意听讲 显示对体育锻炼的敏感性并参与体育活动	把握、发问、描述、命名、点出
2.反应	完成规定练习 遵守学校规则 参与课堂讨论 显示对体育课的兴趣	标明、表现、遵守、讨论、呈现、帮助
3.价值评价	欣赏健康体育 欣赏体育的地位 显现解决问题的态度	邀请、验证、完成、阅读、报告、分享
4.组织	承认规则对解决问题的重要性 接受自身行为的责任 了解并认知自身的能力及限度 制订一个与自身能力相协调的学习计划	坚持、安排、修饰、比较、准备、关联
5.由价值或价值复合体形成的个性化	表现良好的思想品德 显示在独立完成动作时的自信 在团体活动中保持合作态度 保持健康的习惯	建立、分辨、倾听、实践、提议、品质

五、体育课程教学目标的意义

体育课程教学目标以体育课程教学中的具体过程和行为方式为指向，是对体育课程教学行为和过程的指导，主要可体现在以下几个方面。

（一）指导体育教学的行为

体育课程教学目标是在体育课程目标的要求下，对体育课程的教学活动给出具体的指导，是对体育课程教学活动的行为指导和内容规范。体育课程教学目标是具体的，是指向实践的，对体育课程的每个环节都有具体的要求，它关注更多的是体育课程教学的过程，而不是目标的达成情况。

（二）决定体育教学的组织

体育课程教学目标包括设置什么样的体育课类型，采取什么样的组织形式，在课堂上可以采用哪些教学方式等，都属于体育课程教学目标的范畴。体育课程教学目标对体育课程的组织形式、设置、方法选择等都具有决定性的影响。

第二节　体育课程教学目标的编制与优化

体育科学教学需要在明确的目标指导下进行，但是体育教学目标本身具有非常庞杂的内容，针对不同身体基础条件和运动兴趣的学生要设定不同的教学目标，要想让教学目标尽量涵盖大多数学生群体的学习需要，就要进行科学编制和优化。

一、体育课程教学目标的编制

体育教学目标包括课时教学目标、单元教学目标、学年或学期教学目标和学校体育目标等多个层次的教学目标，从学校体育目标到体育课时教学目标自上而下不断细化、具体化，这些教学目标共同构成了完整的体育教学目标体系。学校体育教学目标是学校体育教学的最高指导方案，是对整体教学的规划；学年和学期教学目标是针对一个学年/学期的体育教学而设定的教学任务，是学生在该教学单元中应该掌握的相关体育知识和技能；单元教学目标是体育课时教学目标最直接的上位目标，与课时教学目标的联系最为紧密，相对于学校、学年和学期教学目标具有更高的灵活性，也是执行体育教学目标最直接、最具体的实施手段。

（一）体育课程教学目标编制的要求

1.健康第一

“健康第一”是我国体育教学的最基本要求，也是学校在进行课程编制时的根本依据。体育教学的最基本的目标就是发展学生的身体素质，使学生的身心得到健康发展。因此，一切体育教学课程目标的设计，都不能偏离或者违背这一初衷，这既是严格遵守国家体育教学指导思想，也是对学生全面健康发展负责任的表现。

这里的健康第一，既包含身体健康、心理健康、道德健康、社会适应能力强等全面的健康概念，同时还包括体育教学的方法、手段、过程也应该是科学的、符合学生身心发展规律的，而非揠苗助长式的病态教育模式。

2.培养兴趣

快乐教育也是体育教学的重要理念之一，在快乐教育理念下进行体育教学，就要注重对学生学习兴趣的培养，使学生对体育感兴趣，兴趣是最好的老师，当学生对某一运动产生兴趣之后，就会自发地进行探索，自主地开展学习，从而进入一个正向的学习循环体系。

总之，培养兴趣是体育教师在教学中一个重要的任务，并且引导学生学会享受运动带来的乐趣，享受运动带来的健康成果，这些都是激发学生产生运动兴趣的有效方式。

3.注重“三基”的培养

“三基”目标是学校各个学科教学的共性目标，具体是指基础知识、基本技能和基本技术。体育教学是师生双边互动的特殊教学活动，教学内容宽泛，因为体育教学本身的特殊性和复杂性，决定了体育教学“三基”目标在编制上有一定的难度，而且和其他学科的“三基”目标相比，体育教学的“三基”目标还不够成熟。再加上教学思想和理念的落后，导致教师在制定“三基”目标时存在诸多问题，具体表现在下列几个方面。

第一，其他学科教师往往从学科教学内容之间的内在联系出发而编制“三基”目标，而一些体育教师缺乏这方面的意识。

第二，体育教学目标涉及面广，包含多种类型和多个层次，因此体育教师有时会忽视对“三基”目标的编制。

第三，终身体育理念在体育教学中渗透得不够深刻，因此在“三基”目标的编制中尚未真正融入这一理念。

为了满足社会发展的需求，将现代教育理念落实到体育教学中，要注意对“三基”教学目标的编制与确定。

4.知识与技能目标

体育课程是增强学生体质、培养学生体育素养的一门课程，在体育课程思政教学中通过对体育基本理论、基本技术、基本战术、竞赛规则及裁判法等内容的教学，要使学生掌握丰富的体育知识和正确的运动技能，并使体育专业大学生具备体育课程教学、训练以及编排等实践能力。

5.过程与方法目标

在体育课程教学过程中，教师要敢于创新实践，在以学生为主体的前提下，注重寓教于动、寓教于情、寓教于乐、寓教于心，通过运用多媒体、慕课等现代教育技术，采用情景教学、小组合作、趣味游戏、案例分析、分解练习等各种教学方式方法，来调动学生对体育课程思政学习的积极性和主动性，让学生通过深入思考充分理解体育课程思政内涵，且通过不断练习，扎实掌握运动技能。

6.情感、态度与价值观目标

在体育课程思政教学中，应注意良好师生关系的构建，通过课内外、线上下等方式增加师生之间的交流互动。在交流互动中，教师通过言传身教，用自身高尚的师德和精湛的技能感染和影响学生。另外，在体育理论知识和技能的学习过程中，可以增设一些实际案例，通过案例分析使学生产生共情。比如，在讲述到某个体育项目的发展史时，可以讲述一些为国争光的英雄人物；在讲到裁判法时，可以讲述某场比赛里XX因获胜或失败产生不文明行为时的判罚问题，以此培养学生爱国主义情怀、积极乐观、奋发向上、遵规守纪、文明礼貌、顽强拼搏、勤奋尚学等优秀品质，从而促进学生全面发展，为顺利迈入社会打下坚实基础。

（二）体育课程教学目标编制的原则

体育教学目标编制需要遵循一定的原则进行，以下几项原则是经过理论验证和实践检验的比较重要的几项。

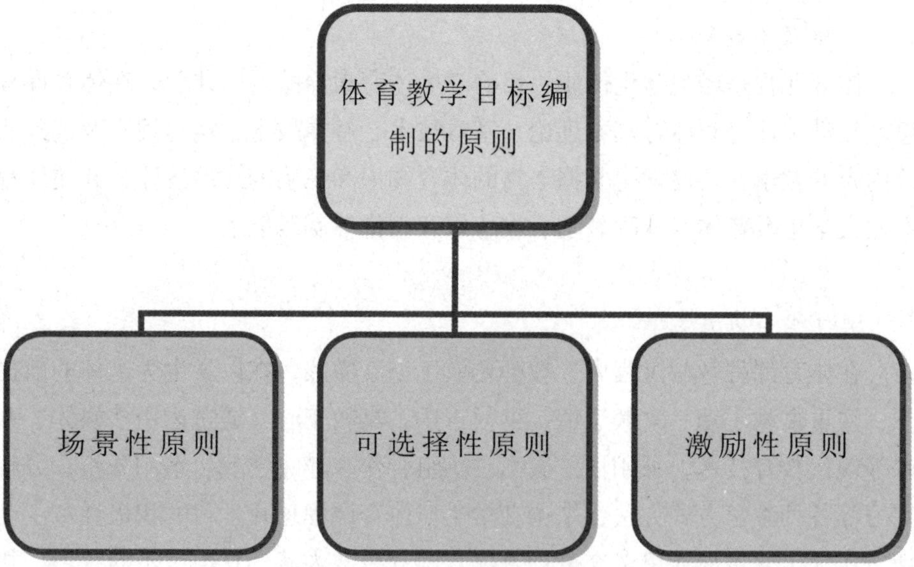

图3-5　体育教学目标编制的原则

1.场景性原则

由于体育教学是一种身体实践性的教学过程，因此教学过程受到环境的影响和制约，提及体育教学，无法脱离环境因素。因此，在设计体育教学目标时，要注意场景性原则。场景性原则就是将体育教学环境因素也要包含在教学目标设计的范畴内。许多体育教学目标的实现，需要对应恰当的场景才能进行，因此编制体育教学目标一定要注意它的场景性。

2.可选择性原则

体育教学目标的设计，是对学生体育发展的一个整体预期，是为了实现学生的身心健康而服务的。在这一前提下，就意味着设计的体育目标并非是僵硬的、呆板的、固定不可改变的。相反，它们必须是为了达到某种实际效果的某种手段，因此要具有一定的可选择性。即目标是为人服务的，在进行体育教学时，为了促进学生能够获得某种技能，达到某种健康效果，可以选择适合自身发展的、相应的教学目标，这也是体育教学目标科学合理的重要体现。

3.激励性原则

成功的体育教学目标的设计，还需要遵循激励性原则。这是因为，在进行体育教学时，很多时候都是对学生身体和心理舒适区的挑战，要让学生积极投入体育学习和训练，需要时刻进行激励，才能让学生保持勇于面对困境、克服重重困难的决心。激励是一种重要的教学手段，能够让学生自发地产生学习动力，而不是被动地依赖教师的鞭策。

激励性原则是衡量体育教学目标优劣的一个指标，如果一个体育教学目标只有对体育技能的计划，而没有适当的激励内容，那么这样的教学目标也许能完成体育教学的基本任务，但它绝对不是一个优秀的、值得广为推广的教学目标。

二、体育课程教学目标的优化

（一）可操作性

对现有体育课程教学目标的优化，要从最基本的可操作性入手。因此，一些体育教学目标的设计出于良好的愿望，希望通过教学能够让学生的身体素质、心理素质和思政水平都得到全面的提高。然而，如果教学目标过于脱离实际情况，缺乏可操作性，那么最终将会沦为空谈，无法达到预期的效果。

（二）可测量性

可操作性是针对教学目标的实施阶段的评价，一个切实可行的教学目标在实践中能够顺利开展，并且为教师的教学带来一定的助力，使教师的教学能力不断得到提高。但是最终的教学效果究竟如何，还需要测量才能知道。因此，在设计教学目标时，还应具有可测量性。

可测量性是指教学目标本身就有量化评价的依据，进而方便进行优化和调整。可测量性的另一个含义是指其教学结果也具有一定的可测量的条件和因素，可以说这是成熟、科学的教学目标的必备因素。能够帮助教师随时监测自身的教学完成程度，以及如何调整等。

第三节　课程思政引领下体育课程思政目标的设计

体育课程的设计是以完成国家要求的体育教学目标为核心指导思想，在课程思政的引领下，还要增加思政的元素，对原有的体育教学进行改革与创新，在目标设计方面，最重要的区别是要在课程思政思想的指导下进行，以体育教学为具体的途径。这使体育课程的教学目标更为多元，更符合当前国家发展和社会建设的需要。

一、课程思政引导下体育课程思政目标设计的原则

对体育课程思政教学目标的设计，需要具有丰富体育教学经验的体育教育工作者，以及具有丰富思政教学经验的思政教师一起合作完成。因为需要结合不同科学领域的转接协同工作，因此必须首先明确设计原则，以保证设计工作的顺利开展。

（一）适应性

适应性是指所设计的体育课程教学目标要与学生的身心发展规律相适应，与国家对人才培育的需求相适应，与社会当前发展的趋势相适应，与学生所在的地区经济文化氛围相适宜，以及与本校的师资教学水平相适应。适应性原则是保证体育课程思政教学目标真实、有效的重要前提，只有设计出与实际情况相适应的教学目标，才能让体育课程思政教学得以实施，才能让理论联系实际给学生最恰当的学习体验和成长路径。

总之，学校体育课程思政目标的设计要从实际出发，要与学生的自我发展高度契合。

（二）可行性

可行性原则是指，由于我国是一个统一的多民族国家，而且地理环境和经济发展速度有着很大的区别，这些不同因素都对体育教学存在具体而实在的影响。比如，在经济欠发达地区，由于人的物质匮乏，导致普遍受教育程度较低，进而制约着当地人群的认知水平的发展。而经济发达地区的人们由于收入高，人们对物质和精神生活的追求也逐年提升，生活在这样的环境中的孩子普遍都得到更多、更好的社会资源，他们有机会走出家门，去各地旅行、学习，甚至走出国门获得更广阔的见闻。总之，处于不同地区的学生具有不同的接受能力和认知水平，这些对体育课程思政教学都具有隐含的影响，在进行目标设计时，就应该考虑到这些因素，要充分考虑到可行性原

则，要对不同地区的学校进行有区别的教学目标设计，以保证体育课程思政教学的有效性。

（三）相融性

相融性原则是指，在设计体育课程思政目标时，还应注重尊重学生的个性发展，在进行统一的思政教学时，要同时兼顾学生个人目标和课程教学目标的相融性。完全不顾学生个人发展目标而仅仅强调课程思政教学目标显然是不科学的，也违背了我国倡导的以人为本的教育指导方针。

当前我国社会发展已经十分完善，社会中国各个领域和行业的竞争越发激烈，这同时也意味着，各个领域的发展已经进入非常高级的阶段，今后的每一步发展都需要更多的高级人才的推进才能实现。而高级人才的培养，必然要以尊重其个性发展为前提，使人才的潜能得到充分的挖掘，使其天赋有机会得以展现，最终实现个人价值的最大化发展。但是这一切都需要保护个人目标的发展，即努力让个人发展目标与思政教学相融合，从而产生较为理想的发展效果。

二、课程思政引领下体育课程思政目标设计的依据

任何设计工作都需要首先明确其设计依据，并非大开脑洞凭空想象即可，在体育科学思政目标的编排工作中也同样适用，要想设计出有效的体育课程思政目标，必须遵循以下几个基本依据。

（一）促进学生的全面发展

促进学生的全面发展是体育课程思政目标设计的最基本、也是最重要的依据。一切教学都是为了让学生获得全面健康的成长，在体育课程教学中融入思政元素，就是为了学生在提升身体素质和运动技能的同时，还要兼顾其

思想品德的塑造，由内而外地茁壮成长。

在具体的操作中，可以从学生的运动实践入手，通过认真细致地观察学生面临的挑战、应对的方式、产生的情绪等，教师可以适时地对其进行引导和教育，并保持坚持不懈的学习态度和训练态度，一定要克服该困难。在这一过程中，就是对学生面对问题、解决问题能力的培养，也是促进他们树立拼搏精神的绝佳机会。

（二）当前社会的实际需要

在设计体育课程思政目标时，还要以当今社会的发展趋势为重要依据。思政教育是对学生的思想政治水平的引导，而这是他们进入社会后开展工作与生活的必要能力。如果在校园中对学生的教育仅仅局限于校园围墙之内的世界，那么所培养的人才将无异于温室内的花朵。一旦当学生毕业走出校园，面对真实社会的历练时，会产生巨大的不适感，这将妨碍他们将所学正常发挥，无法快速地适应社会要求。因此，在体育课程的思政目标设计时，就应有意识地以当前社会的发展形势为方向，并将其中重要的思潮、事件等引入课堂讨论，在教师的引导下，帮助学生快速树立起社会主义核心价值观，以指导他们的学习和生活。

总之，体育课程思政是促进学生提升综合素质，尤其是塑造价值观、人生观和世界观的一个重要途径，学校应好好把握这一个教育契机，在进行体育课程思政目标设计时，使体育教学与现实生活紧密连接，为学生提供一个贴近社会实际的学习环境，让学生能够更加健康、全面成长。

三、课程思政引导下体育课程思政目标设计的定位

体育课程思政目标的设计，是在课程思政教育思想的指引下，对体育教学进行全新的目标改革与优化的过程。然而，教学目标的设计首先需要明确的是定位问题，即明确体育课程思政内容要实现哪些目标，达到什么样的效

果，开展体育课程思政教学需要哪些条件等。在体育课程思政教学目标设计的过程中，关于目标定位最重要的两点即条件目标和效果目标。

（一）条件目标

条件目标是指为实现体育课程思政教学目标，需要在主观条件和客观条件下两方面都得到满足。比如，客观条件学校体育教学场地和设施的数量和质量是否满足要求；体育教师的数量，以及现有教师是否具备开展体育课程思政教学的综合能力；学校体育教学的项目类别是否丰富，并足以满足开展体育课程思政的条件；体育教学经费是否充足且到位等。

这些条件目标是初步衡量学校开展课程思政教学活动的能力水平，以及预期能达到的效果如何等。开展体育课程教学思政并非只是简单地将思政内容搬入体育课堂，而是要有机地融合，要在满足一定的条件下才能进一步地设计思政教学目标。在开展一项具体的工作之前，必须要对相应的条件进行调查和检验，这是进行目标设计定位的意义所在。

（二）效果目标

效果目标与条件目标相对，它强调的是体育课程思政教学目标的最终实施效果，是对结果的定位，特别是通过体育教学，学生的心理健康目标、道德品质目标以及社会适应目标等的实现效果。

成功的体育教学往往能从教学效果体现出来，经过课程思政的引导，学生在体育课程中不仅能学到体育知识，还得到多层次的学习体验，在运动的过程中还会引发关于价值观、人生观的思考，与团队协作配合中，体会个人成绩与团队成败的关系等，从而当个人利益与集体利益发生冲突时，能够做出正确的判断和选择。以上这些都是体育课程思政教学带来的效果，是在进行课程目标设计时就能够有所预期的。通过对体育教学效果的预判，来设计课程思政的教学目标即效果目标。

四、课程思政引领下体育课程教学目标设计的要求

对体育教学目标的设计要做到科学合理。作为体育教学活动的基础，这是非常重要的设计环节。为此，进行体育教学目标设计就要符合下面几个要求。

（一）对目标的表述语言要准确

体育教学目标的语言表述要非常考究。为了较为清晰地了解目标情况，在制定体育教学目标时尽可能使用陈述句，并且要对预期学习结果的外显行为变化等内容有明确的表述，以此标定评定目标实现与否的范围。不清晰的目标表述只会让体育教学主体在教学过程和结果评价中感到困惑，如此则有损体育教学质量。

（二）对目标的难度设置要适中

体育教学目标设计的难度要适中。这一要求是基于学生的“最近发展区”理论而来的，即要求目标的设置不应过高或过低，过高或过低的目标设置都不利于学生学习动机的培养，而抓住学生的“最近发展区”则可以将学习目标设置于学生通过一定努力可以获得的位置。这是目标设定的最为理想的状态。

（三）对目标进行适当的细化分解

体育教学目标是一个由多个小目标构成的整体目标。为了完成最终的整体目标，就需要将其中的小目标逐一完成。为此，就需要将总目标进行适当的细化分解，这个分解不是随意进行的，而是要保证被分解的教学目标之间有一定的逻辑关联性，如今天所学的技术是明天所学技术的基础动作等。

（四）对目标设置要保持整体协调

体育教学目标不是单独存在的，它的制订也要考虑多方面的因素，它是多方面因素共同构成的整体，而且还要考虑各个元素之间的协调性。这是因为，如果每个部分之间的配合不够顺畅，甚至有脱节等问题，那么就会影响整体目标的实现。一般地，在目标设置的初期，就会充分考虑各个元素的特点，选择那些彼此之间更具交融性的元素才会得到更好的效果。

五、课程思政引领下体育课程教学目标的设计步骤

（一）分析教学对象

分析教学对象是体育教学目标设计的首要工作。教学对象通常就是指参与体育教学行为的学生，对学生的分析主要包括他们对体育的学习需求、运动经历、基本身体状态以及性格等。对于学生学习需求的分析要格外看重，对它进行的分析可以帮助体育教学目标制定者找出体育教学中出现的问题，并以此寻求解决方案。由此就使得分析教学对象成了确定体育教学目标的基础和依据。而教学对象的上述情况也对体育教学目标的制定产生影响，如班级中的学生普遍具有较好的运动天赋、良好的身体状态以及对体育的热情，那么就可以将体育教学目标制定得略高于目标标准，以此来满足学生“最近发展区”理论的要求。

（二）分析教材内容

分析教材内容是制定体育教学目标的第二步。为了制定出更为合理、更适合学生体育发展的目标，就要对学生将要学习的教学内容进行准确把握。分析体育教材内容的目的在于确定体育教材内容的特点、功能、范围和深度以及选择体育教材内容的依据等，使体育教材内容更好地为实现体育教学的目标服

务。其主要的把握内容包括深入分析体育教材内容的特点、可操作性，明确了解学生在其年龄段中学习哪些内容更有利于他们的成长以及体育观的养成。

（三）编写教学目标

在过往的体育教学中，对于教学目标的制定通常只是由体育教师根据课程标准而来。然而这种看似简单易行的教学目标制定并没有考虑到学生学习的实际情况和主观意愿，由此编写出的教学目标不易把握尺度，也难以测定体育教学效果。现代体育教学在经历了长期探索之后，认为应该将过往较为模糊的体育教学目标进行升级，使新的教学目标变得更加精确和具体，而且还要对接受这种学习后将会达到的学习效果做出说明。一般认为，一个完整的、明确的体育教学目标应包括教学对象、学生的体育行为、确定行为的条件及程度四个部分。另外，现代教育观也要求对于学习目标的制定要遵循三维目标观的理念，即落实知识与技能、过程与方法、情感态度和价值观的三点目标。

第四节　体育课程教学的德育目标及实现策略

体育课程的思政教学，最重要的体现是加强对学生的德育的教导。本节将主要研究体育教学中德育目标的确立和实施策略。

一、体育课程教学的德育目标

体育课程思政目标的核心是德育目标，是对学生的思想品德的塑造和引导。因此，明确德育目标是体育课程思政的核心环节。

（一）树立正确的价值观和人生观

在体育课程教学中，对学生进行德育教育的核心，就是帮助他们建立正确的人生观和价值观，以社会主义核心价值观为最高指导，促进学生对自身的价值实现、社会归属、人生规划等开始进行认真的思考，并在这一过程中，将社会主义核心价值观融入自身的价值体系，以高标准要求自己，对个人的成长做出一定的规划，将个人价值的实现附着在对国家和社会的建设方面，从而获得最大的人生价值。

（二）构建新时代人才的行为标准

一个人的德育素养不仅是思想层面上的建设，只有将思想上的成果落实在实际行动上，才真正做到知行合一的最高境界，这也是对我国青年学生进行德育教育的具体目标。在体育课程教学中，体育教师应在体育实践中对学生的言行进行引导和规范，指导他们有意识地构建自己的价值观和行为准则，做一个具有新时代特征的社会主义建设者和接班人。

二、体育课程教学德育目标的实现策略

（一）提升体育教师自身的德育素养

教师是学生学习的引路人，要实现对学生的德育教育，首先要提升体育教师自身的德育水平。由于我国体育教师的培养本身就具有一定的局限性，大多数的体育教师都是具有某项运动专长，并曾经试图进入竞技体育路径的竞技体育后备人才，这些后备人才在早年曾花费大量的时间进行体育训练，但是在文化课方面的投入不够，这就导致了他们自身的文化综合素养也存在一定的不足。因此，在实施体育教学德育目标时，首先要对体育教师进行必要的德育培养，只有当教师的德育素质达到一定水平之后，才能对学生进行

教导和培养。

提升体育教师的德育素养可通过以下几条路径。

1.加强职前培训

对于新一代的体育师范院校的体育教育人才，学校应加强提升这些未来体育教师的德育素质。在传统的专业课、综合素质课的基础上，增加思政和德育培训的比重，从而使这些未来的体育教育人才在学校内就打好基础，具备扎实的思想政治水平，那么当他们走上讲台时，对学生进行德育教育时才能更加得心应手，带给学生良好的德育教育体验。

2.加强在职培训

对于在职在岗的体育教师，对他们的持续德育教育工作也不能松懈，应该从多角度、多维度开展在职培训。

教育部门应设计和组织定期的针对体育教师的思政教育研讨会、强化班、沙龙等不同形式的提升体育教师思想政治水平的教研活动。通过这些活动能够提升体育教师对课程思政的认知，并提升他们课程思政的素养。

其次，将德育教育教学内容与效果纳入教师的评价体系，以对体育教师产生正向的督促作用，并引导教师间的良性竞争，鼓励体育教师竞相提升自身的思政教育水平。将德育教育自然地纳入体育教学中，能得到学生的普遍认可和欢迎，这应该是每一个体育教师的努力目标。

最后，培养和督促体育教师的榜样式教学，重视体育专业教师的言传身教，引导教师在日常的教和生活中，都能做到以身作则，处处体现出作为一名新时代的优秀体育教师应该具有的品德楷模和行为典范，从而在课堂外给学生创造近在身边的学习榜样。

（二）挖掘体育课程中优质的教学资源

体育课程教学的德育教学实施，首先应该立足体育课程本身，将各种现有的、潜在的德育教学资源进行挖掘和整合，并针对学生的实际情况，选择合适的教学内容进行教学。在体育课程中，其实有大量的宝贵资源可以利用，比如体育史中蕴含着丰富的思政教育素材，是对学生进行爱国教育和增强民族自信心的重要机会；另外，各种形式的体育教学素材在不同的教学环节都能发挥不同的德育效果，这需要体育教师根据实际情况，在教学实践中灵活选择合适的教学素材和教学方式，及时对学生进行德育教育。比如，现代中国体育的崛起，以及无数优秀的运动员为国家和民族赢得了荣誉，为我国实现中华民族的伟大复兴做出了重要的贡献等，这些都是体育课程中现成的德育教育资源。

（三）引导学生在实践中体验德育教育

“纸上得来终觉浅，绝知此事要躬行。”德育教学本身就是对学生思想的引导和塑造，而绝大多数的学生都未曾体验过社会现实生活的艰辛和不易，他们年龄尚小，还处于家庭的保护下，这导致他们对德育教育的理解是比较肤浅的，还仅仅停留在认知和思维层面，难以与现实生活建立联系。

为了改观这一情况，并真正落实对学生的德育教育，体育教师应该在进行德育教育时加强引导学生的真实体验，以体验导入德育教学，而不是以知识点引入教学，在体育课程教学中，当学生获得真实的个人体验时，体育教师应该适时地融入德育教学内容，开展思想政治教育，这样能够让学生从自身经验出发进行学习，所获得的思考、知识和记忆是深刻的、长久的，也更能指导他们接下来的实际生活。

（四）营造利于思政教学的校园体育氛围

学习氛围是学习的重要客观要素，这一点应得到学校的高度重视。在打造校园文化氛围时，应有意识地增加思政教学的文化氛围，尤其是建设校园体育文化时，将积极进取、不懈拼搏、精诚协作、乐于助人等优秀的素质品质融入校园文化，使学生在日常生活中能够真切感受到这一积极的价值引导，并能身体力行，从小事做起，从一点一滴积累起强大的思政素养，为今后的学习和工作的顺利进行，以及开展更为广阔的人生途径打好基础。

第四章
课程思政引领下体育课程教学内容的改革

在课程思政的理念下，体育课程教学内容是改革的重点，也是体现课程思政教学改革中最重要的环节。本章将从体育课程教学内容概述、体育课程教学内容的编排与选择、体育课程教学内容资源开发、体育课程教学内容体系建设，以及课程思政引领下体育课程思政内容的选择几个方面进行分析。

第一节　体育课程教学内容概述

一、体育课程教学内容的概念

体育教学内容指的是依据体育教学的目标选择的、根据学生发展需要和教学条件加工的、在体育教学环境下传授给学生的体育知识、运动技术和比赛方法等的总称。[①]

二、体育课程教学内容的立体结构

体育教学内容是一个完整的系统，他们彼此之间具有某种内在的联系，通过相互呼应与支撑，能够为学生搭建一个更加完整的体育知识系统。我国体育教学内容主要分为三个部分：体操体系是沿用德国与瑞典的体操体系建立而成的；现代竞技体育则是以英国绅士户外运动体系为主；我国传统的民族民间体育体系。

如图4–1所示：以德国为主要代表的体操体系包括教育体操、健身体操、医疗体操等内容；英国户外运动体系则以田径运动、球类运动等为主要内容；民族民间传统体育包括传统武术、民间养生活动等。竞技体育、传统体育以及体操体系内容共同构成了我国体育教学内容的基础，在这一基础之上，应根据社会的不断发展以及体育的不断演进，逐渐使这些内容得到完善。这三项基本内容既各自独立，又彼此相互补充、相互影响和促进，从而形成了一个稳定的体育教学内容体系，使我国的体育教学内容愈加丰富，如图4–2所示。

① 蔺新茂，毛振明.体育教学内容论[M].北京：北京体育大学出版社，2014.

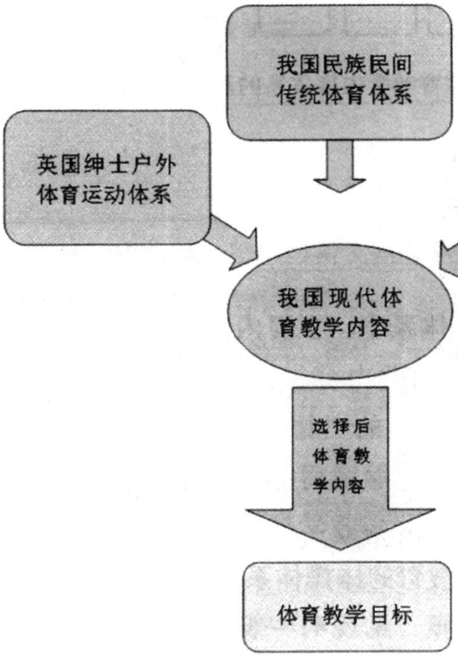

图4-1 我国体育教学内容分类[①]

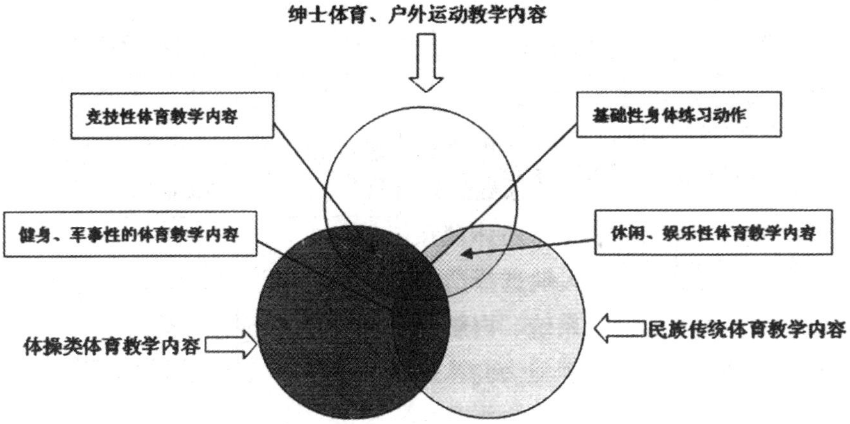

图4-2 体育教学内容的不断完善

① 蔺新茂，毛振明.体育教学内容论[M].北京：北京体育大学出版社，2014.

三、体育课程教学内容的分类方法

（一）交叉综合分类法

一般而言，传统的体育教学内容分类，习惯以运动项目进行分类，也有以身体素质为依据进行分类的思路，这两种分类方法都比较简单粗暴，不够精确，缺乏系统性且比较僵化死板，无法体现体育教学的灵动性和丰富性。对此，王占春研究员提出了补充性的分类方法——“交叉综合的分类方法”，其基本框架如图4–3所示。

交叉综合分类法是基于传统分类方法的优势和劣势进行分析之后，进行了一定的改革，并将体育教学的内容做了进一步的细化，丰富体育教学的维度，在形式上也较为多样，这些都是相对传统分类方法的明显进步。

但是交叉分类法也有它的局限性，比如逻辑不清、层次含糊，因此在教学实践中也会带来一定的问题，在这一前提下，体育教学工作者又推出新的体育教学内容分类方法。

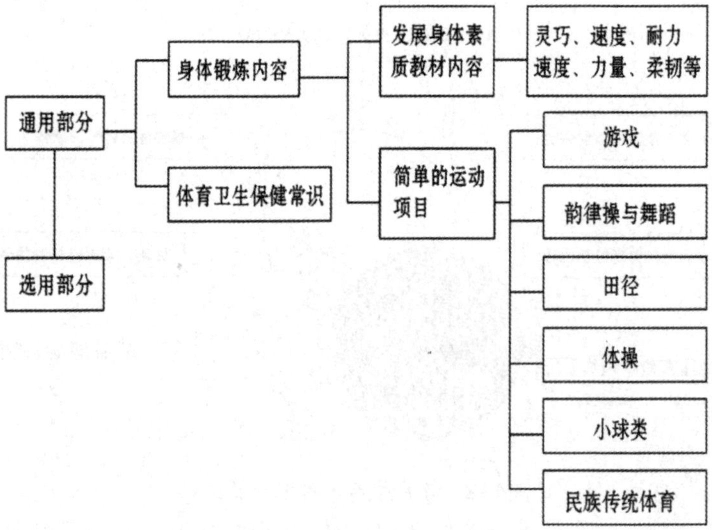

图4–3 交叉综合的分类方法①

① 蔺新茂，毛振明.体育教学内容论[M].北京：北京体育大学出版社，2014.

（二）教学目标分类法

除此之外，还有按照教学目标进行分类的目标分类法，这种教学内容分类法是以学生的体育学习目标为分类依据，将体育教学直接指向的学生的学习目标、成长需要以及兴趣培养等列入体育教学的内容分类中。依据教学目的对体育教学内容进行分类的教学目标分类法，其基本框架如图4–4所示。

按照教学目标进行分类，可能非常清晰地将体育教学实践和体育教学目标相衔接，让教师的教学过程和学生的学习活动都更加明了、有效，能促进教师在教学实践中时刻紧紧抓住教学目标，也能够培养学生先明确学习目标、再付诸实践的良好的学习习惯。

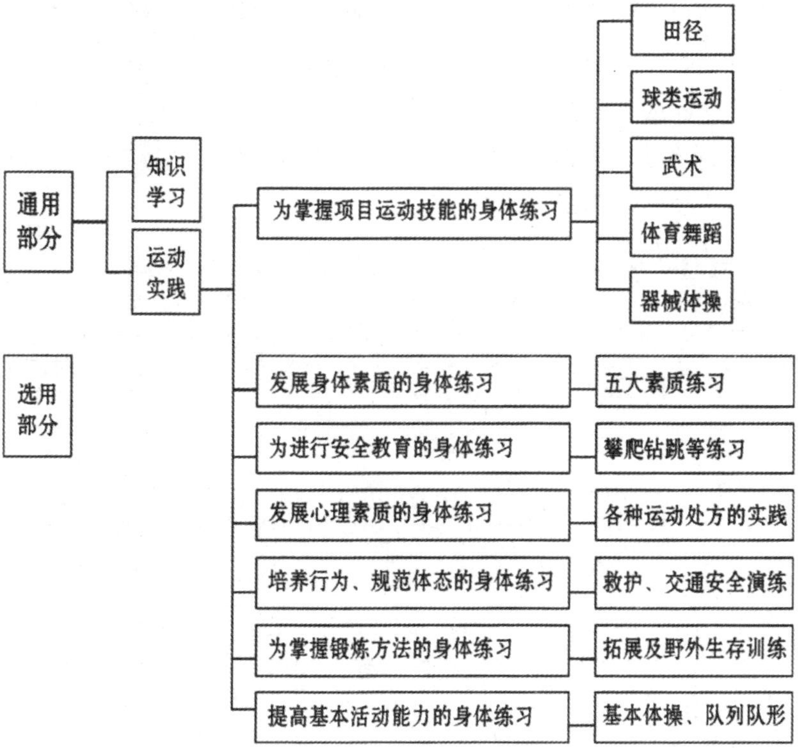

图4–4　教学目标分类法

（三）体育能力发展分类法

除了以教学目标进行分类之外，还有以发展学生体育能力为依据的内容分类方法。这其实是教育理念进步的表现，教育最终的目标就是提升学生的能力，而不仅仅是知识的普及，在以发展学生体育能力为依据的分类上，可以更有针对性地提醒教师和学生，在教学中要将学生能够实际掌握和运用相关能力为任务，从而为提高教学效率做好准备。

提升学生的体育运动技能、运动安全、营养补充以及疲劳恢复等，都是十分实用的能力素质，是现代体育教学的主要目标。因此，在现代体育课程设置中，对教学内容、教学目标、组织方式等都会更加注重对学生实际能力的培养和提升，以及对学生身心的全面发展、德智体美等综合素质的加强等，都比以往有更加具体的明确的要求。而且，体育课程教学目标还包括鼓励学生的个性发展，拓宽他们的视野，比如不再局限于对体育知识和技能的提升，还要注重拓展学生的体育见闻，比如多去参与现实生活中的体育活动，去大型的比赛现场感受体育的魅力，能够对当今竞技体育、传统体育的发展趋势和各种特点做到心中有数，甚至有自己独到的见解。

体育能力发展分类方法的具体内容如图4–5所示。

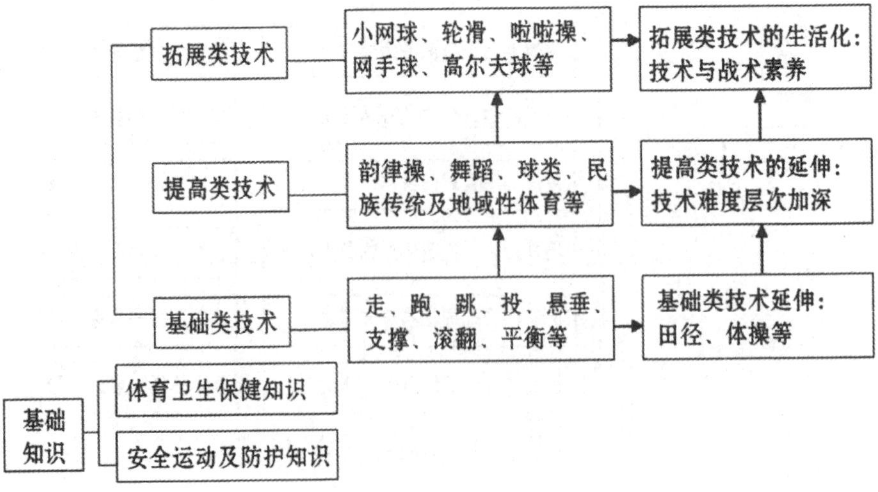

图4–5　体育能力发展分类方法

四、体育课程教学内容的层次

体育教学一般可分为四个层次，可以按照由浅到深，分为粗学内容和精教内容。按照教学形式可分为介绍性内容和锻炼性内容。它们的坐标关系如图4-6所示。

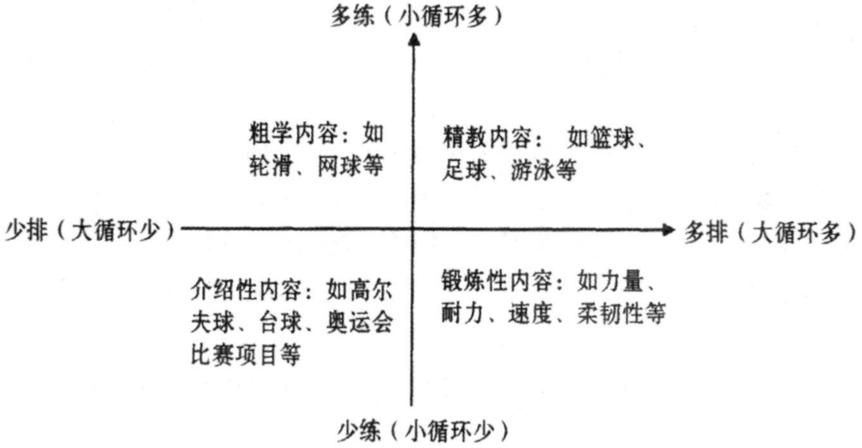

图4-6 体育教学内容的象限分布图①

（一）粗学内容

粗学内容一般是指对某一体育知识和技能仅做概括性和简单性的教学，让学生对此有一个初步的了解就好，不做深入学习和探索。这一教学内容的特点是，少学多练，讲解仅占一小部分，让学生花费大量的时间去自我体会和练习。而且，只有经过大量的练习，才能理解和领会其中的深意。

粗学内容往往作为附属的、补充性的内容出现，它们的特点是更具趣味性，更轻松，学生们更加喜欢。

① 毛振明，于素梅.体育教学内容选编技巧与案例[M].北京：北京师范大学出版社，2009.

（二）精教内容

精教内容是体育教学中的重点内容，需要花大量的时间进行深入教学，并且让学生反复学习和练习，才能获得一定的能力，才能具备好的身体素质和运动能力。精教内容一般多数以大单元教学为主，内容非常翔实，下面又分为多个小单元和分支，会分别展开具体的分析。这是教学的重点和精华所在。

（三）锻炼性内容

锻炼性内容是以小单元教学为主的介绍型教学内容，以提高学生的身体素质为主要目的，针对力量、速度、耐力、爆发力、灵敏等素质设计了大量的训练内容，只要学生能够坚持长期锻炼，就能有效地促进其身体素质的全面发展。锻炼性教学内容在各个年级都有布置，但是不同年级的内容稍有区别，主要体现在锻炼标准和难度上。

锻炼性教学内容具体包括体能锻炼、运动体验和体育知识。每部分的教学内容相互结合，相互补充，从而构成了一个较为全面的促进学生提高身体素质和学习科学健身的教学系统。

在教授这些内容时，要注意科学安排教学目标、教学内容、教学方法，以及与教学环境等客观条件的协调，并把握好各个层次间的衔接，并且还要在此基础上与教师的教学风格进行有机的结合，使教学内容更加生动形象，吸引学生的学习兴趣，进而投入更多的时间和注意力，以提高学习质量。

不同层次体育教学内容的安排可参考表4-1和图4-7。学校要结合自身的实际情况和教学重点，灵活安排不同层次的教学内容，对于一些具有体育专长项目的学校，还可根据自身的发展项目重点设计相关的锻炼性内容，以加强学生的运动技能。

总之，锻炼性内容的设计和选择要结合学校、学生的实际情况，以学生为中心，以发展学校的体育文化传统为任务，这样的体育教学就会张弛有度，更具目标感，也更贴近学生的学习和生活的需求，符合学生的实际情况，这样在操作过程中才会使教学更加有效，对促进学生体质增强、运动能力的提升发挥真正的作用。

表4-1 各层次体育教学内容的安排（每学年60个有效学时）[①]

	简教类	精教类	介绍类	锻炼类
各年级安排	少安排	多安排	少安排	多安排
单元规模	大单元	超大单元	小单元	超小单元
单位教学内容学时数	7～10学时	15～30学时	1～2学时	10分钟／学时
全年安排教学内容数	2～3项	1～2项	3～4类	全面锻炼
全年学时数	20学时	30学时	5学时	5学时

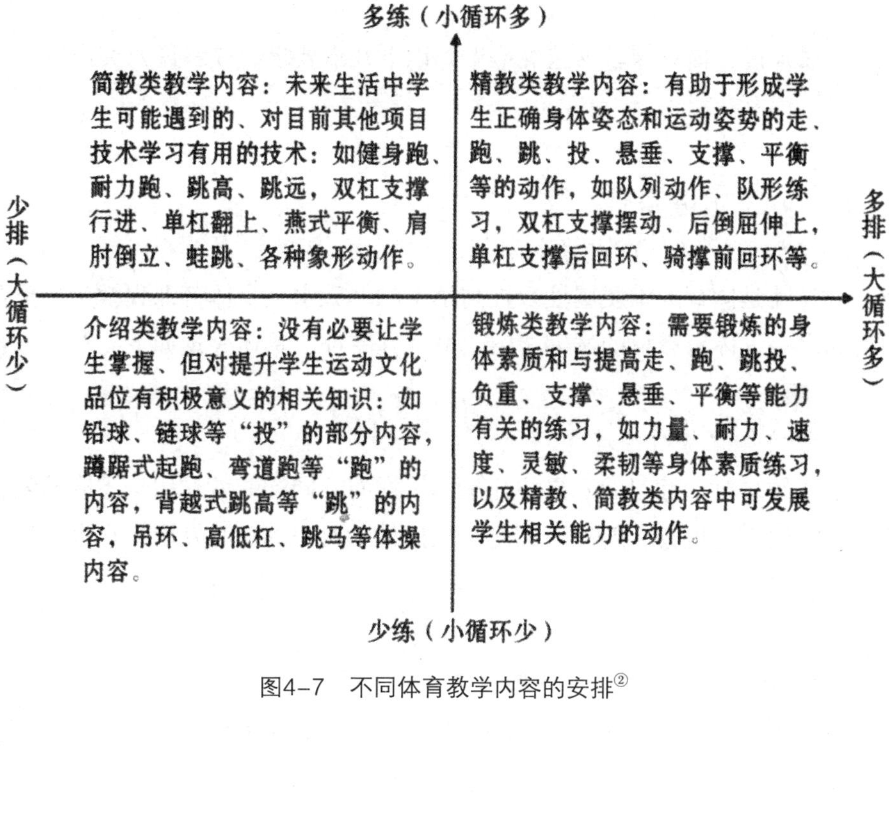

图4-7 不同体育教学内容的安排[②]

---

① 毛振明，于素梅.体育教学内容选编技巧与案例[M].北京：北京师范大学出版社，2009.

② 毛振明，于素梅.体育教学内容选编技巧与案例[M].北京：北京师范大学出版社，2009.

第二节 体育课程教学内容的编排与选择

体育课程教学内容需要做科学的编排和选择，才能发挥出应有的价值。

一、体育课程教材的合理选编

一般来说，体育课教材选编应做到以下几点要求，或者说要突出以下几项特点。

（一）突出健身性

健身性是体育的本质属性。提高学生的健康水平是体育课程教学最重要的目标之一。体育教材的选编要突出健身性特征，具体表现如下。

1.考虑体育教材的健身功能

不同的教材，练习的效果往往是不一样的，同样的教材用于不同的教育对象，在效果上也会有差异。因此要根据教学对象的身心发展特点来合理选编教材。

2.考虑体育教材对心理的积极影响

教材对学生的心理有重要的影响，选编教材要考虑是否对学生顽强意志、健康个性和积极向上的心理品质的形成与发展有益，从而促进学生身心全面发展。

3.考虑体育教材的优化功能

一般情况下，只要合理运用教材，教材对学生的健康促进作用都能得到充分发挥。但不同教材的影响程度不一样，同样的教材、不同的搭配所产生的效果也不同。因此，运用时要争取优选出最具健身效果的教材，既要注意教材本身的健康价值，又要注意教材的合理搭配，以取得最佳效果。

（二）具有典型性

体育课教学内容非常丰富，教材类别多，同类教材项目也多，教学内容仅为其中的一小部分，选择余地很大。因此，选编体育教材应具有典型性，具体表现如下。

（1）在能达成同一教学目标的各类教材中，选择最有代表性的教材。

（2）在可以达成同一目标的同类教材中，选择最具代表性的教材。

（3）选用的教材在同类教材中，在技术结构或身心发展上具有代表意义，从而为其他同类教材的学习奠定基础，产生正迁移作用。

（三）注意文化性

体育是人类特有的一种社会活动，它具有继承性、民族性、时代性、世界性等文化特征。体育不但具有外在的运动行为方式，而且具有内在的价值观念、意识形态和行为规范等，这些无疑是文化的重要组成部分。选编体育教材要充分考虑教材的文化特征，具体要注意以下几点。

（1）注意对优秀传统教材的继承，使之得到发展。

（2）注意对民族教材的选择，使之能够发扬光大。

（3）注意对世界优秀教材的吸收，使教材体系更具有时代气息。

（4）注意挖掘教材的文化内涵，加强对学生非智力因素的培养，使学生形成正确的价值观念、良好的体育道德和符合时代要求的体育行为规范。

（四）增强娱乐性

树立终身体育意识和形成终身体育能力是体育教学的主要目标。体育教材的娱乐性会影响学生终身体育意识的树立和终身体育能力的形成，所以要增强教材的娱乐性，使学生体验体育运动的乐趣，领略体育魅力，提高他们参加体育活动的积极性和自觉性；使学生精神愉悦，形成良好的体育态度。

（五）讲究实用性

体育教材是学生学习体育知识、增强体质、培养终身体育意识和能力的载体。因此体育教材的实用性是非常重要的，其具体表现在以下几方面。

（1）体育教材对激发学生的体育兴趣、培养学生的体育能力、促进学生身心发展有非常积极的促进作用。

（2）选用的教材要有适宜的教学条件作保证，这样的教材具有推广的条件和价值，学生在课余既愿意练，又有条件练，有助于培养良好的锻炼习惯，为其树立终身体育意识和形成终身体育能力奠定良好的基础。

（3）选用的教材对于体育教学目标的实现有较高的价值。这种价值是其他教材所不具备的，这就是通常所说的最优化。

（六）体现时代性

体育课教学内容随着时代的进步而产生适应性的变化。当今社会文明程度不断提高，竞争加剧，生活节奏加快，加上营养过剩等各种因素交织在一起，导致“文明病”出现，因而对防治“文明病”有重要作用的健身运动、健美运动等社会体育活动，以及娱乐性较强的休闲娱乐体育也逐渐流行起来，人们重新开始关注健康问题。要提高学生的社会化程度，就要关注社会体育的趋势和动态，并对其中一些内容进行教材化改造，使它们成为体育教材体系中的一部分，使体育教材具有时代特点，与社会保持动态平衡。

二、体育课程教学内容的科学编排

（一）从已知到未知进行编排

体育课程教学内容具有庞大的体系和分支，在进行体育教学内容的编排时，要根据教学目标，对教学内容做出系统的分析。比如先将教学目标进行合理细化和分解，将一个复杂的总目标简化成多个简单的小目标，从学生已知的体育知识和技能，延展到未知的更大的体育世界。在新旧知识之间，就要通过体育教学内容的编排来实现。在编排过程中，要将体育课程教学内容按照项目的相关性，以及难易程度进行从简单到复杂、从初级到高级的编排和设计，不同章节之间的内容要具有内在的联系，要有某种呼应，从而构成一个层层递进的体育教学体系。让学生在逐渐内化这些知识的过程中，也形成自己的认知模式，并为后面的学习做好铺垫。从另一个角度来看，体育教学内容结构本身也具有一定的序列性，对某个结构的掌握是学习另一个结构的基础，如果不具备前面的条件，就难以顺利进入新的学习阶段，会增加后面学习的难度。

（二）由一般到个别进行编排

在体育教学中，还有一部分是以讲授运动学、生理学、运动原理等相关理论为目的的体育教学内容，这一类体育教学内容有助于促进学生日后的体育课程学习，主要在基础理论方面做好准备，因为这些主要是一些基本的概念、原则和原理。从这点出发，应该先对最具有一般性和概括性的体育教学内容加以陈述，然后进一步分化具体教学内容和特殊教学内容。

比较容易和常规的做法是从一般的整体中分化出细节，通过若干细节将整体串联起来。因此，应尽量从最一般和最具概括性的概念与原理入手编排体育教学内容，经过一段时间的学习，学生会自动地形成一个基本认知结构，这一认知结构能够起到让学生触类旁通的作用，从而为今后的学习做好铺垫。

（三）注意不同教学内容的横向联系

体育教学内容的系统性不仅具有纵向的延展性，让学生可以不断地深入学习一门专业知识和技能，与此同时，不同体育教学内容之间还具有横向的关系，因为构成不同专项的知识和能力实际上具有许多相通性，他们无非是通过力量、速度、耐力、灵敏等身体素质而完成不同的运动动作，达到不同的运动效果，因此，在体育教学内容中，其中许多都具有横向的联系，在编排时要有意识地巧妙结合，使一些出现在不同教学单元中的教学内容，也具有某种关联，教师在教学中能够帮助学生及时回忆、整理和调用，从而加深印象，能让点状的知识连成线和面，有助于加强学生对相关教学内容的理解和掌握。

三、体育课程教学内容的合理选择

（一）体育课程教学内容选择的基本要求

在进行体育教学内容选择时，要符合一定的要求，才能让编排工作更加高效，这些要求体现在以下几方面。

1.技术性要求

体育是一门以实践性为主的学科，在教学中首先是对学生进行运动技能的训练，因此，技术性是其中的重要要求之一。运动技术的好坏直接反映出体育教学的质量。具体地表现为具有知识性和技术性，同时还要有挑战性和趣味性。因为若只强调技术性，那么难免会伴随枯燥乏味，自然会影响学生的学习兴趣，因此，还必须结合趣味性、游戏性、挑战性，将体育教学内容以一种更符合学生认知能力、具有更好学习体验的形式呈现。这是由青少年学生的年龄特点所决定的，他们正处于好奇心极其旺盛的阶段，对未知的一切都有强烈的探索欲望，并且精力旺盛不知疲倦，这是学习的最好时期。因此，为了获得更好的教学效果，在编排体育课程教学内容时，要重视技术性因素，同时还要与趣味性和挑战性相结合。

2.拓展性要求

拓展性要求是指，所选的体育教学内容应具有内在的张力，可以根据实际情况进行拓展和变化，从而灵活地展开体育教学。具体地，体育教师应大胆发挥自身的创造性，将个人的风格融入体育课程教学内容中，这样能够更好地与学生建立师生情感，促进学生积极投入体育学习。并且能够从学生的实际生活和学习能力出发，选择更符合他们学习预期的内容进行教学。当然，具有拓展性与延伸性的教学内容应做到不拘泥于体育教材、传统教学资源和现有的体育项目，而是大胆地引入更加丰富的教学素材，使现有的体育课程教学内容丰富多样，具有较高的灵活性和多样性，这是提升体育教学效率的重要手段之一，因此也是编排体育教学内容的要求之一。

3.校本化要求

我国幅员辽阔，民族众多，无论是地理环境还是少数民族文化，以及东西部地区经济发展的明显差异，这些因素在体育教学中都发挥着不可忽视的影响作用。因此，在编排体育课程教学内容时，还需要符合校本化的要求。校本化要求是指，在选择体育课程教学内容时，一定要从本地区、本校的实际情况出发，尊重当地的民族文化，以及现有的师资情况，在当前社会发展趋势的大背景下，选择与本校发展最为贴切的体育教学内容。这样做的目的就是提高体育课程的适应性与灵活性，促进体育课程教学的多元化发展。要满足校本化要求，就要使体育教学内容符合学校实际和地方实际，体现地方特色，同时要能够体现出体育教师的个性化教学风格。

校本化还意味着要充分利用当地的体育资源和优势，比如一些少数民族地区，应尽量地多选择具有民族特色的体育教学内容，不仅能够丰富学生的学习体验，还可以突出自身的优势。在教学中，教师应注意引导学生对本地区、本民族体育项目的自豪感和融入感，这不仅能提升体育课程教学的质量，还同时起到传承民族体育文化的作用。

（二）体育课程教学内容选择的价值取向

1.符合学生身心特征

体育课程教学内容的选择必须符合学生的身心发展要求。学生的身心发展具有阶段性，而且具有个体差异性。青少年学生身心发展水平的阶段性特征决定了体育教学内容要适应不同年龄段学生的个体需要。此外，同一阶段学生的身心发展是相对稳定的，因此选择体育教学内容时，要考虑那些共性的、普遍受学生欢迎的体育理论和体育活动。

选择运动项目时，要考虑是否可以将学生的运动兴趣激发出来，是否能够将当时社会运动项目或内容的特点反映出来，实用性、趣味性很强的运动项目是主要选择对象。中小学体育教学的重点在于发展学生身体素质，高校体育教学的重点在于培养学生的运动习惯和运动情趣。因此不同阶段的体育教学都要从学生的不同需要出发选择体育课程教学内容。如果学生对所学内容不感兴趣，即使掌握了运动技能，也不会终身坚持体育锻炼。事实上，让每个学生都自觉地去锻炼身体，使每个学生都将运动锻炼作为自己生活的一部分，这才是体育教育的最终目的。

2.贴近当前社会生活运动锻炼的实际

现阶段，群众体育活动正随着人们物质文化生活水平的不断提高而日渐发展。体育正逐渐成为千家万户，成千上万人日常生活的重要组成部分。社会体育的组织形式和活动内容都要比学校体育丰富多样。据统计，气功、健身操、交谊舞、武术、秧歌等是我国城乡居民普遍喜欢参与的体育活动。但当前我国体育课程教学中竞技体育项目占主导，教师十分注重对竞技项目动作技能的传授。事实上，这些竞技项目中有很多是学生在毕业后就不再涉猎的，而且学生在将来参加社会体育活动，也很难运用到这些技能，这就导致了学校体育与社会体育的脱节，这也是制约学生终身体育锻炼习惯养成的一大因素。学生在学校主要是接受有组织的体育教育，但将来在社会中就要以自我锻炼为主了，所以学校在选择体育教学内容时，除了要参考体育目标和学校的条件，还应考虑学生将来的终身需要，应该为学生步入社会后的锻炼做好身心方面及技能方面的准备。所以为了更好地满足学生将来参与社会体育的需要，应在选择体育教学内容上将社会体育的常见项目考虑在内。

相比来说，高校体育与社会体育的衔接要比中小学体育与社会体育的衔接更为紧密，所以高校的体育教学内容应具有长效性，否则学生在学校学习的体育理论知识及掌握的体育运动技能将来在社会上很难再会用到。高校体育教育中，应将学生未来长期参与体育锻炼都能用得上的内容作为一部分教学内容，所以不管是选择体育基础知识内容时，还是选择运动项目时，都要放大领域，拓宽范围，在此基础上，应培养学生对个别运动项目的特殊爱好，发挥学生的特长与优势，使学生在某些项目上既有兴趣又有优势。

学校要以学生个体的需要及学校教学条件为依据大幅度调整体育教学内容，在教学内容结构方面，增加非竞技运动项目和个人运动项目的比例；对于延续性强、容易使学生在毕业后还坚持参与的运动项目要适当引入课堂教学中，此外还要培养学生的体育特长，使学生在一两项运动项目上得心应手，从而提高其终身锻炼的兴趣与信心，一般将健身性、娱乐性、终身性特点突出的项目作为特长来培养。总之，选择体育课程教学内容，应考虑学生将来的社会生活，贴近社会生活，为学生的社会体育锻炼打好基础。

3.能够培养学生的终身体育能力

体育是特殊的社会文化现象，随着社会的发展，体育也在不断发展，社会体育的需求也越来越多元。体育运动在促进身心健康、促进社会适应能力提高和个性发展等方面的作用已经得到了社会的普遍认同，正因如此，体育的社会需求才不断增加，人们对社会生活中的自我体育锻炼才更加重视。

我国颁布与实施《全民健身计划纲要》为体育教育的改革和发展指明了方向。在体育教学的不断开展和学生不断参与体育锻炼活动的过程中，学生的终身体育能力逐渐形成，可见在培养学生的终身体育能力方面，体育教学是非常重要的一个途径，包括体育课堂教学和课外体育活动。因此，在组织体育课堂教学和课外体育活动的过程中，体育教师必须把培养学生的终身体育能力贯穿其中。学生的体育兴趣、意识、习惯等都会影响其终身体育能力的形成。

当前我国学校体育教学一味强调学生在校园中应多参加体育锻炼和体育活动，而忽视了学生将来的社会体育锻炼，所以在体育教学中只看到短期效益，即学生是否掌握了课堂所学知识与技能，而忽视了对学生终身体育能力的培养，这也是当前高校体育与社会体育没有充分衔接的主要原因。学校体育应为学生的终身体育锻炼做准备，大学体育尤其应为学生的终身体育做好准备。

学校体育是社会体育的基础，所以在学校体育教学中，应综合运用课堂体育教学与课外体育活动的方法培养学生的终身体育能力，具体应从以下几方面着手。

（1）打好学生的身体基础，使学生健康成长，增强学生的体质，使其形成正确的姿态，掌握基本的活动技能。

（2）培养学生的体育兴趣和体育锻炼习惯，使学生将体育锻炼作为自己生活中的一部分。

（3）加强体育理论知识和锻炼方法的传授，使学生充分掌握这些内容，逐渐形成稳定的体育活动能力。

（三）体育课程教学内容选择的主要原则

1.大众性原则

大众性原则是体育课程教学内容选择的总体指导原则，是指要以大众的整体实际情况为选择依据，少数服从多数，将大多数青少年的体育学习诉求作为提课程教学内容的主要内容。

2.可行性原则

可行性原则是指在选择体育课程教学内容时，应把握这些内容的可行性，在进行编排时就要确保这些教学内容具有实际的操作性，能够顺利落地，能够符合学校当前的教学能力，以及能够基本满足学生的学习需求等。

3.适切性原则

适切性原则是指所选的体育教学内容应该适合贴切学生的现实生活，而不应纸上谈兵，编排一些华而不实、不切实际的教学内容。唯有适合的才是最好的，唯有与学生当前的认知能力、兴趣爱好相贴切才是最有助于学生学习和成长的教学内容。适切性原则就是要杜绝那些缺乏实际意义的体育教学内容，它们可能是在当下流行文化下诞生的新兴体育活动，但是从长远来看也许并不会留下太多的教育价值和锻炼意义，因此，这一类内容并不符合适切性原则，也不推荐选择作为体育课程的教学内容。

（四）体育课程教学内容选择的常见方法

根据体育课程教学内容的编排要求和原则，要在浩瀚的体育教学内容中选择最适合的部分，其中最主要的方法是层层筛选法。采用层层筛选方法时，要依据不同教学阶段体育教学目标的主次顺序，由主及次对体育教学内容进行筛选。层层筛选的模型如图4–8所示。

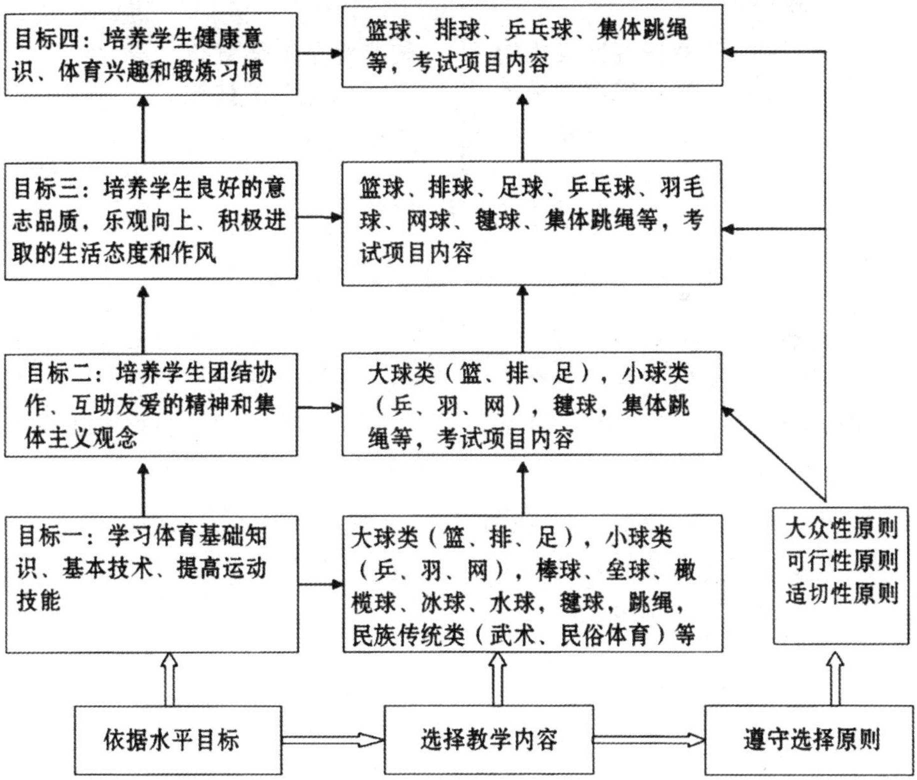

图4–8　体育教学内容选择流程[①]

① 蔺新茂，毛振明.体育教学内容论[M].北京：北京体育大学出版社，2014.

在筛选时要注意以下几个要点。

第一，根据教学目标选择适宜的与学生运动水平相符的体育教学内容，满足适切性原则的要求（图4-9）。

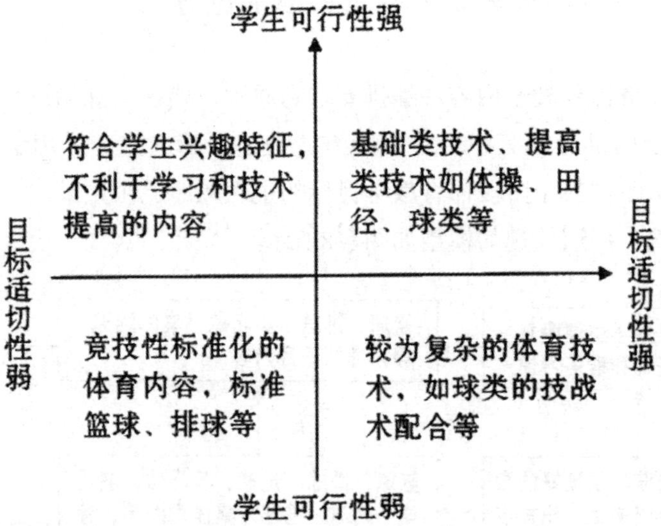

图4-9　按照学生可行性体育教学内容选择的原则

第二，选择契合学校教学条件、教师教学能力、学生年龄特征与学习能力的教学内容，与学生实际、学校实际、教师实际相符，满足可行性原则的要求（图4-10）。

第三，选择广泛流行的、贴近学生实际生活的、有助于增强学生体质和培养学生体育锻炼习惯的大众性体育教学内容，满足大众性原则的要求，激发学生学习的积极性（图4-11）。

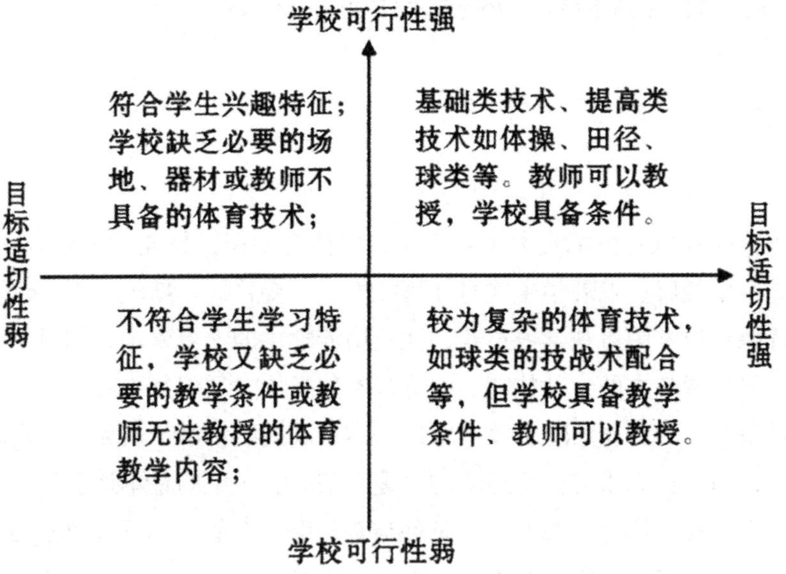

图4–10　按照学校可行性体育教学内容选择的原则

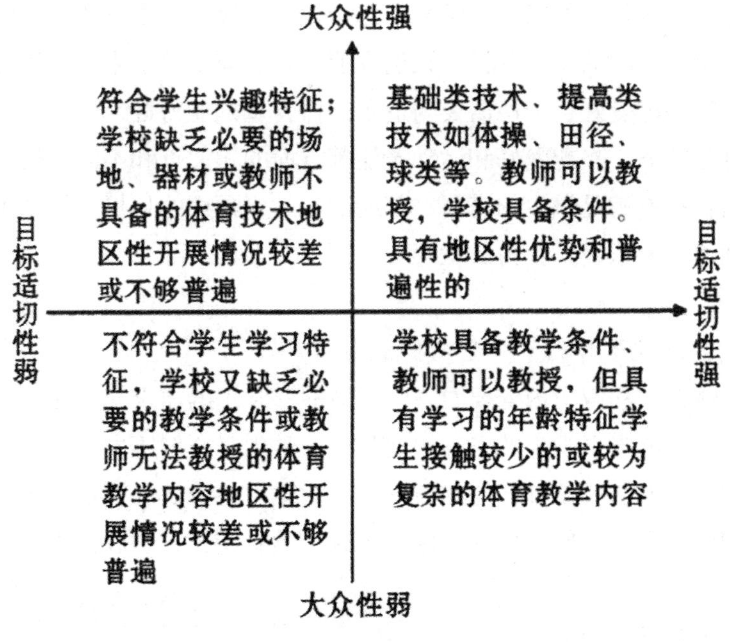

图4–11　按照大众性体育教学内容选择原则

（五）体育课程教学内容选择的注意事项

体育教师在选择体育课程教学内容时需对以下几个事项特别注意。

1.不能忽视培养学生基本素质与能力的内容

体育课程以身体练习为主要手段，以体育知识、技能为主要教学内容，以促进学生健康、发展学生终身体育能力为主要目标。新教学指导纲要要求在体育课程教学中重视学习过程，注重培养学生的学习兴趣，同时淡化技术教学。但掌握基本的运动技能、锻炼基本的身体素质仍然不容忽视，因为如果不具备基本的身体素质，没有掌握基本运动技能，学生就无法顺利参与体育锻炼，而且会失去对体育运动的兴趣与信心。一定的基本运动能力和身体素质是学生参与体育锻炼的基本条件与基础保障，所以，不管教学内容如何丰富，都不能忽视对学生基本运动能力的培养。

2.根据学生的情况选择内容

体育课程教学要面向全体学生，选择教学内容要考虑全体学生的普遍需要和不同学生之间的个性差异。在选择前，要全面了解学生的“体育情况”，如对体育的兴趣爱好、个性需要与追求、体育基础能力等，要了解不同学生之间在身心特征、兴趣爱好和运动技能等方面的相似点和不同之处，尽量使所选的内容都能满足学生的需要，都能实现学生预期的目标，使每个学生都能体验到体育的乐趣，获得成就感。

3.所选内容要有利于学生的健康与发展

选择体育课程教学内容要对教学主体——学生的需求充分加以考虑。所选内容不仅要能吸引学生的兴趣，而且要对学生身心健康发展有利。通过体育基本知识、方法及基础技能的教学，要为学生终身发展奠定基础，促进学生身心健康发展，并使学生在健康的基础上学有所长，学以致用。

4.考虑客观条件因素

在体育课程教学内容选择中，要尊重教师和学生的选择权，同时也要考虑客观影响因素，如场地、器材等，不同学校的客观条件是有差异的。在选择体育课程教学内容时，首先应清楚地了解学校的硬件条件，立足学校实际选择内容才能发挥这些内容的作用，才能顺利实施体育教学，并实现预期教学目标。

第三节　体育课程教学内容资源开发

体育课程教学内容应该是动态发展的、与时俱进的，因此，需要体育教育工作者不断地进行研发，从而才能丰富教学内容，是体育教学在吐故纳新中持续迭代和发展。

一、体育课程教学内容资源的开发程序

体育教学内容资源的开发，是一个较为复杂的过程，和其他任何一种内容开发的工作一样，都会遵循一定的程序。固有的程序能够保证在开发过程中不会偏离最初设定的教学目标，从而保证了课程开发的效率。一般地，体育教学内容资源的开发包括准备、实施和总结三个阶段，具体如图4-12所示。

（一）准备阶段

准备阶段是体育课程开发的开端，好的开始是成功的一半，因此，准备阶段的工作将决定着整体课程开发的进程和质量，需要从一开始就投入充足的人力、物料等各种因素。在准备阶段，首先需要组织人力资源，以便开展

接下来的编排工作。准备阶段的工作可简单归纳为组织准备和方案准备，包括准备所有的资料，确定开发方案等，总之，准备阶段的工作内容既要全面，又要详细，需要大量的时间和人力来完成。

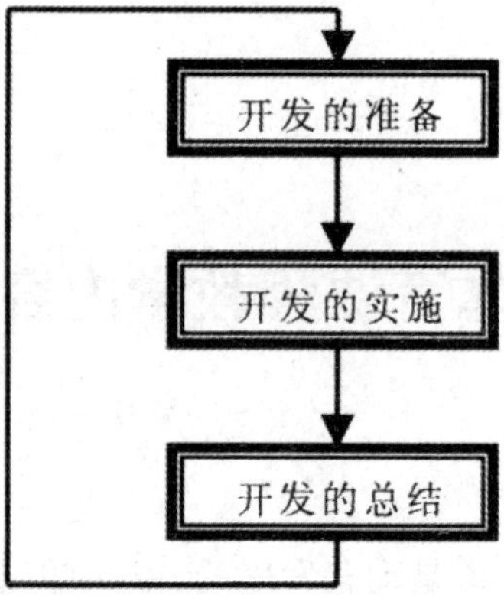

图4-12　体育教学内容开发程序

准备阶段的工作内容简单来说就是明确“谁来开发”“为何开发”和“开发什么”的问题，这是开发的核心元素，而每一个问题的答案都不是显而易见的，都需要深入研究和反复推敲，需要教研团队花费大量的时间以及通力协作才能完成，其工作流程可通过图4-13来反映。

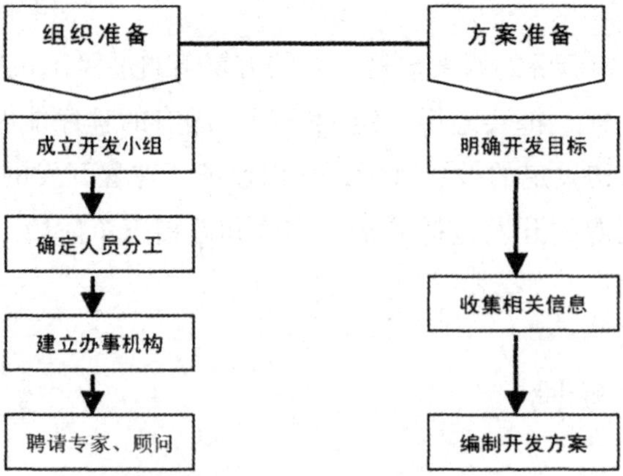

图4-13　准备阶段的工作流程[①]

① 李林.体育课程内容资源开发的理论与实践[M].重庆：西南师范大学出版社，2006.

组织准备和方案准备的工作内容见表4–2。

表4–2 准备阶段的工作内容[①]

<table>
<tr><th></th><th colspan="2">具体工作</th></tr>
<tr><td>组织准备（人员准备）</td><td colspan="2">（1）成立开发小组，明确组员职责
（2）设置开发办事机构
（3）组建专家组等</td></tr>
<tr><td rowspan="3">方案准备</td><td>（1）明确开发目标</td><td></td></tr>
<tr><td>（2）收集相关信息</td><td>理论信息
政策信息
人员信息
条件信息
体育信息</td></tr>
<tr><td>（3）编制开发方案</td><td>开发背景
开发主题
开发目标
开发人员
开发方法
开发步骤
开发成果等</td></tr>
</table>

（二）实施阶段

实施阶段是教学内容资源开发的重点环节，在实施阶段，就是组织预定的人员将准备阶段所设计的开发方案一步步落实到位，这个阶段是整个开发过程的核心与关键，是在行动上回答如何开发、怎样开发的过程，也是极为复杂和充满挑战的过程，既需要在大量的体育教学内容资源中做出明智的选择，还要争取有创造性地利用现有教学资源，同时，还要对体育教学内容之外的相关资源保持开放性，并选择合适的方式融入体育教学内容，从而使体

① 李林.体育课程内容资源开发的理论与实践[M].重庆：西南师范大学出版社，2006.

育教学能够不断地与时俱进。

另外，还需要明确的是，体育教学内容资源的开发实施，是一个循环往复的过程，它是在不断尝试、改进、创新、删减、验证的过程中逐渐发展和完善的。

在实施阶段要注意的是，需要充分考虑人员因素、地域因素、时间因素和经济因素对体育课程教学内容资源开发的影响。比如在进行内容开发时，要全面参考不同地区、不同地域、不同时间以及不同经济发展水平所给体育教学带来的制约或促进作用。只有因地制宜、因人制宜和因时制宜地进行教学内容资源开发，才是科学的、有效的、合理的。与此同时，还要结合体育教学形式来安排和选择教学内容，可采取的实施方式有体育课堂教学、课外体育活动、课堂练习、课后练习，以及加强理论研究和行动研究等。

（三）总结阶段

当所有的教学内容开发实施结束之后，就要进入结束阶段，结束并非是完结，相反地，结束阶段实际上是对内容开发工作的总结和检验，包括对前期工作的回顾和评价，通过将最初的设想付诸实践，其实是完成了一次及时的现实检验工作。通过将“理论”与“实践”的对比，可以获得宝贵的经验，或者教训，通过成果展示与分析，以及总结和归纳，从而完成了内容资源开发的全部程序，并获得完整认知和体验，这些都将成为下一次内容开发的新的资源和支持，从而使体育教学内容资源开发工作不断精进，不断完善。

具体地，总结阶段的工作包括整理开发结果、收集相关信息、进行过程评价和结果评价、撰写总结报告，以及分享和推广开发成果等几个方面的工作，如图4-14所示。

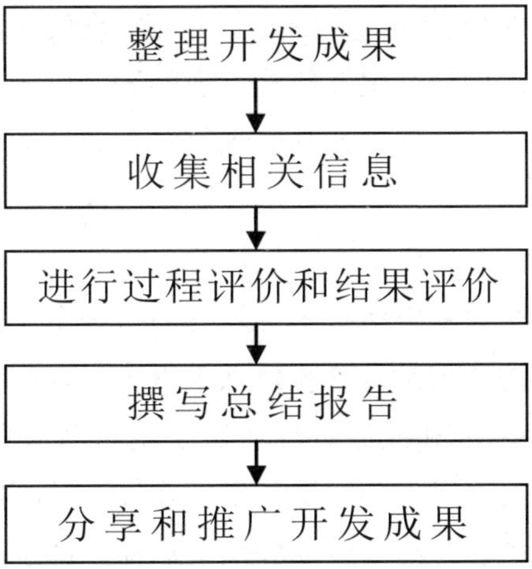

图4-14　内容开发总结阶段的流程图

二、体育课程教学内容资源的开发类型

由于体育课程教学内容的复杂性和丰富性，在具体的实践过程中还会因为不同的项目而产生许多差异。因此，需要针对这些不同的类型进行具体的分析。

（一）新兴体育运动的开发

进入19世纪以来，随着工业革命的推进，人类社会在各个方面都取得了长足的进步。就我国的发展情况来看，在改革开放的40几年间，可以说我国社会的发展速度是惊人的，经济的高速发展带动了其他很多方面的进步。随着人们生活水平的提高，一些新兴体育项目陆续诞生，它们丰富了现代人的生活内容，同时也对体育教学提出了更多的要求。

这些新型体育运动项目的特点是，兼具休闲性、娱乐性和趣味性，不仅具有体育的属性，也具有娱乐、社交等现代社会生活的重要元素。因此，这些运动项目也是体育课程教学内容的重要补充。现代运动层出不穷，并很快在大众群体中传播，人们喜欢追逐新鲜有趣的运动形式，以调节高强度的工作所带来的紧张情绪。这些项目尤其受到年轻人的喜爱，对学生群体自然也产生了强大的吸引力和影响力，因此已经逐渐出现在学校的体育课堂上。

这些项目的引进大大地丰富了学校体育教学的内容和形式，激发了学生的学习欲望，也使体育课堂更活跃，更具有活力和生命力。

但与此同时还需注意的是，这些新兴项目大多发源于西方发达国家，而西方发达国家的基本国情和民族特性决定了这些新兴运动项目的特点。比如，这些新兴运动项目都对运动场地和设施条件有较高的要求，像大家熟知的花样滑冰、滑雪、帆船等冰雪运动和水上运动，都是新兴运动中比较典型的需要高投入的运动形式。尽管这些运动受到年轻人的欢迎，但是由于他们具有一定的危险性，而且很多都需要在低龄阶段就要开始学习和训练，因此在学校教学中不做深入的教学，更多的是普及性教学。因此，在开发这一类内容时，还需要进行一定的改造性开发，使其成为更适合大多数学生的体育学习内容，更具实效性和可操作性。

（二）民族体育活动的开发

除了新兴体育运动之外，还有那些传统性和地域性特征鲜明的民族传统体育活动，也是体育课程教学内容资源开发的组成部分。我国是多民族国家，五十几个少数民族每个民族都具有自身悠久的历史文化传承，其中民族体育是传承民族文化的重要载体，凝结着深厚的文化内涵。因此这些民族体育活动不仅提供了重要的体育内容资源，同时也是中华文化的重要体现。在进行体育课程教学内容资源开发时，要采取辩证的科学方法，去除那些过时的、已经不能适应当前社会发展的消极部分，选择凝结着宝贵的民族文化精髓的积极部分，从而使我国的优秀传统体育文化得以持续地传承下去。中华民族传统体育活动内容丰富，形式多样，并且拥有深刻的文化内涵，如果能巧妙地将这类内容引进学校体育教学中，将产生深远的价值和意义。但是需要注意的是，在开发民族体育活动这一类体育教学资源时，不要生搬硬套，将现有的民族体育僵硬地搬进体育课堂，那样只会弄巧成拙，画蛇添足。因为当前的学校体育教学主要以西方的竞技体育为主要内容，而我国的传统体育活动无论在形式上还是内容上，与西方竞技体育都有很大的区别，如果不做任何铺垫和调整，就将传统体育引入体育课堂，可能会给学生带来一定的学习障碍。因此，这就需要体育课程内容资源的开发人员，首先对民族体育活动进行合理选择与改造，使其与当前的体育教学活动相适宜，并能够激发学生的学习兴趣，从而有助于教学的顺利开展。

为此，学校应深入开发丰富多彩的民族民间体育活动，并进行改造和取舍，使其与中国特色社会主义核心价值观相吻合，并符合当前学生的个性特点和学习需求。这样才能将体育教学不断推向更高的台阶，使我国的体育教学质量不断提升，这也是学校履行传承与弘扬民族传统体育文化的义务的要求。

（三）竞技运动项目的开发

我国当前的学校体育教学基本上是以竞技体育为蓝本而设计的。然而学校体育教学与竞技运动存在着本质上的不同。竞技体育的目的是不断提升运动技能，不断刷新个人的最佳纪录，进而取得比赛的胜利。然而学校的体育教学并非以竞技为主要目标。学校面对的是大众群体，因此体育教学的目的是提高大众的身体素质，掌握基本的体育运动知识和技能，养成良好的健身习惯等。因此，在将竞技体育运动项目作为学校体育教学的内容资源时，首先应做出必要的修改和调整，以符合绝大多数非体育运动专业的学生的学习需求，将体育教学的目标明确为增强学生体质和运动能力，培养科学的运动理念和运动习惯等。

（四）体育教材内容的开发

在传统教学观念中，认为只有课程专家才能编写与确定教材以及选择教材内容，而教师的责任是给学生传说教材内容。而在新课程理念下，编写课程教材的主体是教师，教师对学生的学习能力、学习需要以及对学校的教学传统和教学条件更为了解，所以能基于这些因素而对适宜的教学内容进行开发与选择。强调体育教师在课程教材编写中的主体性，能够实现由“教教材”向“用教材教”的转变，这包含以下几方面的含义。

第一，“教教材”是指完全按照教材内容来实施教学，而“用教材教”就是以教材为参考工具和学习媒体，教师依据教材教学，学生将此作为学习读物，不管是教师还是学生都不是照搬教材内容，而是有选择地吸收其中对自己有意义的营养成分。

第二，体育课程专家是在参考最新教育方针政策和最新教育教学理念下进行体育教材编写的，所以最终的体育教材成果具有科学性、时代性以及重要的指导性。兼顾很多因素的体育教材虽然具有普遍的适用性，但是缺乏对各地教学条件差异的考虑，所以局部不合理的问题也是存在的。对此，不同学校应从自身实际情况出发来对体育校本课程加以研究和编制，选择符合本校人才培养目标和教学传统的教学内容。

第三，作为对学校教学条件和学生实际情况最为了解的体育教师，在体育课程教材编制和选择上应该有一定的决策权，体育教师应该作为课程教材的开发者而不是被动的执行者，这样课程本身的意义也能在教学活动中有所升华。需要注意的是，体育教师虽然有部分决策权，可以参与到体育教材的开发与编制中，但不能完全任由其对教学内容进行自由选择与编排，因为很多体育教师本身不是专业的课程专家，还没有深入理解课程理念，而且编制教材的时间与精力也相对有限，这是一方面的原因。还有另一方面的原因是体育教师了解学生的需求和爱好，他们会选择学生感兴趣的教学内容，这固然有利于提高学生的学习积极性，但也容易造成“兴趣主义”教学模式的形成，过于追求体育教学的娱乐性而忽视了教育性。所以要尊重体育教师的部分决策权，但也不能完全放手任由体育教师编写教材和确定教学内容。

总之，学校和体育教师要在新课程理念下发挥一定的自主权来开发体育教学内容，教学内容应丰富一些，应能够有益于实现体育教学目标和学校人才培养目标，要有利于提高学生的体育素质和健康素质。学校在自主开发体育教学内容时要展现本校的体育传统优势，符合本校的教学条件，要对不同类型的体育教学内容进行科学开发与适当改造，建构多元化的体育教学内容体系，以促进体育教学目标的顺利实现。

三、学生体质健康视角下的体育教学内容资源开发

（一）按照《体育与健康课程标准》的指引开发体育教学内容资源

《体育与健康课程标准》研制组的专家在健康第一、素质教育、终身教育、全面教育等现代体育教学思想的指导下，根据体育学科的特点、现代健康观、体育教学发展趋势而明确了现代体育课程教学的目标体系及学习领域。体育教师应依托《体育与健康课程标准》这一纲领性文件的科学指引来开发体育教学内容资源，使体育教学内容有助于实现不同层次的教学目标。

（二）根据学生的身心发育规律与特点开发体育教学内容资源

运动生理学、运动心理学、运动解剖学等运动人体科学是开发体育教学内容资源的重要学科基础和原理。青少年学生生长发育的规律与特点是体育教师开发体育教学内容资源必须考虑的因素，体育教师应从教学对象的年龄特点、生理特点出发对教学内容进行开发与选择，所选内容资源要有助于促进学生健康成长和全面发展。

（三）从现代奥林匹克运动的宝库中开发体育教学内容资源

现代奥林匹克运动的宝库中包含丰富多彩的运动项目，这些运动项目对青少年学生的健康发展有重要促进意义，因此要密切联系现代奥林匹克运动来开发体育教学内容资源，从这一宝库中选择对促进学生身心健康有重要价值的教学内容。

（四）依据体育教学规律开发体育教学内容资源

体育学科有自己的特性，体育课程教学在长期的发展中也形成了独特的

规律，客观规律在一定程度上影响与制约体育教师选择体育课程教学内容、运用体育教学方法以及组织安排体育教学活动。因此要对体育教学的客观规律有正确的认识与深入的研究，从而在客观规律的指引下深入开发教学内容资源，保证开发轨道与路径的科学性与可行性。

（五）将体育教学内容资源的开发及校本课程的开发结合起来

国家体育课程纲要和地方性体育课程纲要是学校开发校本课程的重要理论指导与依据。在统一课程纲要的指导下，学校从自身办学特点、教学条件出发选择恰当的校本课程开发方式，课程要体现出地方和学校特色，要能使学生的学习需求得到满足，要能使学校的教学资源得到充分利用。校本课程地域特色鲜明，各所学校的校本课程可以说是专属于本校的独一无二的课程资源，开发校本课程离不开本校体育教师的参与及配合，同时要对地方文化、地方传统体育、学校各方面的条件以及学生的认知能力及学习需要予以全方位的考虑。

作为国家体育课程的重要补充，校本课程可以灵活确定教学目标和教学内容，教师有相对自由的教学空间，具有地方特色的教学内容更容易激发学生的学习兴趣，实施这些教学内容能够提高课堂教学的活跃度、灵活性和创新性，也便于根据不同学生的特点而进行有效教学。

第四节　体育课程教学内容体系建设

一、体育课程教学内容体系建设的必要性

“目标引领内容，内容反映、服务于目标”不应该是一句空话，也不应

该认为其仅仅是指向教学内容的选择，而是为实现学校体育的最终目标——全面的身体教育与教养、终身体育的能力和习惯、体育生活化的美好未来，所要进行的学校体育课程教学内容体系的构建，是对学校体育学科知识进行深入、细致研究后，促使其得以系统化发展的基本指导思想。

尽管体育课程目标在各个学段层次上会因为学生的年龄与发展特征而有所变化和侧重，但对主要目标来说，这些变化和侧重都沿着一条主线——“学生对体育基本知识、基本技术的学习特征、体育能力的进步规律”，由基础和基本向增强和提高发展。这一发展主线要求，学生要想熟练掌握和运用两门以上的体育运动技术、提高运动技能、增强体育能力，使学校体育学习为他们的终身体育生活化服务，就必须对一个关于体育教学内容的知识系统进行建立。这个系统的建立要有利于实现这一目标，而学校教育也要求各学科课程必须具有一个完备自身知识体系的教学内容系统。

新课程改革为了促进课程学习与教育的灵活性的提高所采取的一个重大举措就是“实施国家、地方和学校对课程的三级管理体制”，这一体制要求“由国家制定课程标准，地方和学校自行选择教学内容”。有些专家错误地领悟和解释这句话的含义，将其理解为“由国家制定课程目标，地方和学校自主选择教学内容”。因为，教学内容与课程设计（也称“教学进程”，如时间安排、时数安排等）共同构成了学科课程，如果仅有课程目标、课程理念、课程性质、课程设计思路等，这还是仅停留在了课程理论指导层面，而教学内容的规定性则是给课程以实践层面的指导。

但是，有些人常常一听到“规定性”就会反对，诸如“一统就死”等言论就严重地影响了课程对教学内容的规定性。其实，这里所指的规定性是指在某一教学层面上要有一个关于教学内容的大的框架和范围。这一方面体现了国家对文化传播的控制，保证了文化的安全性；另一方面使各个阶段的教学内容衔接和知识的系统性有所保证，目的是促进教学效率的提高，避免因学生在小、中、大学各学段，以及因教师在各级段、各学段的流动性，而在客观上造成的“蜻蜓点水”式的教学。

二、体育课程教学内容体系建设的设想

从《新课程标准》的内容目标领域的表述中，我们能够感受到其已经对各阶段内容的衔接和体育知识系统化的问题有所关注。例如，在球类与体操学习目标的表述中，水平四的内容目标为："基本掌握一两项球类运动中的技战术""完成一两套技巧项目动作或器械体操动作"；水平五的目标为:"较为熟练地掌握一两项球类运动中的技战术""较为熟练地完成一两套技巧项目动作或器械体操动作"。从"基本掌握"和"完成"到"较为熟练地掌握"和"较为熟练地完成"，就已经能够对学习的递进关系和知识的系统性反映出来。

然而，如果水平四与水平五学习的球类运动不是同一个项目，体操内容也不是同一类器械体操内容，如水平四学生学的是篮球和毽球，水平五学生学的是乒乓球和足球；水平四学的是技巧，水平五学的是单杠。就无法保障从"掌握"到"熟练掌握"的递进式发展。如果各水平阶段内容的一致性无法保证，采用"大循环"排列方式来使体育教学内容学习顺利实施也就无法保证，没有大循环的体育教学也就无法实现体育教学的连续性，学生对运动技术掌握的系统性更是无从谈起，从而最终导致学生难以掌握一两项体育技术。

因此，体育教学内容的国家课程规定性、地方教学内容的选择规定性与学校体育教学内容选择性是保证体育教学内容系统性的必须举措。所谓国家对体育课程教学内容的规定性，是指在对体育教学内容进行合理分类的基础上，提出各年级、各水平阶段大的体育教学内容"博览"。这里已经有了教学内容在各阶段的递进关系的规定性；各地区根据本地区的实际情况，如经济发展、教学条件、群众体育、发展趋势等，从国家体育课程教学内容中选择适合本地区教学情况的各年级、水平阶段适中的体育教学内容。这既体现了教学内容选择的灵活性，又体现了对学校体育教学内容的规定性。而学校也能依据本地区规定的体育教学内容，选择与自身具体情况相适应的教学内容。这样严谨、灵活的体育教学内容知识系统就自然而然地形成了，这个系统中的各个因素便于衔接，可以递进，有利于促进

学生学习效率的提高。

体育教学内容虽然就像体育内容一样庞杂无序，但是，认真分析和深入研究体育教学内容的多条逻辑线，并在不同的层次上再将这些逻辑线进行串联或者并联时，就能够快速理清体育教学内容的逻辑。在新课程改革中提出的“目标统领内容”的基本理念，与体育新课程改革中提出的“依据目标选择内容”的原则一样，其实就是一条串联体育教学内容的逻辑线。因为体育课程目标确定后，依据课程总目标制定的阶段性课程目标具有较强的针对性，除了要符合学生身体发展的规律、基本素质发展的敏感期，还要尊重学生从简单到复杂的学习以及感觉、知觉、表象等的认知规律等。因此，各个阶段性课程目标同时也引领着与之相适应的体育教学内容，据此构建了与学校体育课程的目标相匹配的体育教学内容体系，其基本框架如图5-15所示。

三、体育课程教学内容体系的建设说明

（一）体育课程教学内容体系中的逻辑线

体育课程教学内容体系中体育教学内容的逻辑线是三条由基础到提高、由部分到完整的逻辑线。

1.体育教学目标的逻辑线

体育各阶段性目标是从基础到提高、从部分到全面逐渐提高的。

2.三类体育教学内容之间的逻辑线

基础类技术的掌握，基本跑、跳、投、支撑、悬垂、滚翻、平衡等能力的提高，为各项提高类、拓展类技术的学习提供了身体练习的素质基础、体育认知的心理基础。提高类技术的学习又为学生提高终身学习的能力，养成依据需要学习新兴体育项目的能力和习惯具有较强的基础作用。

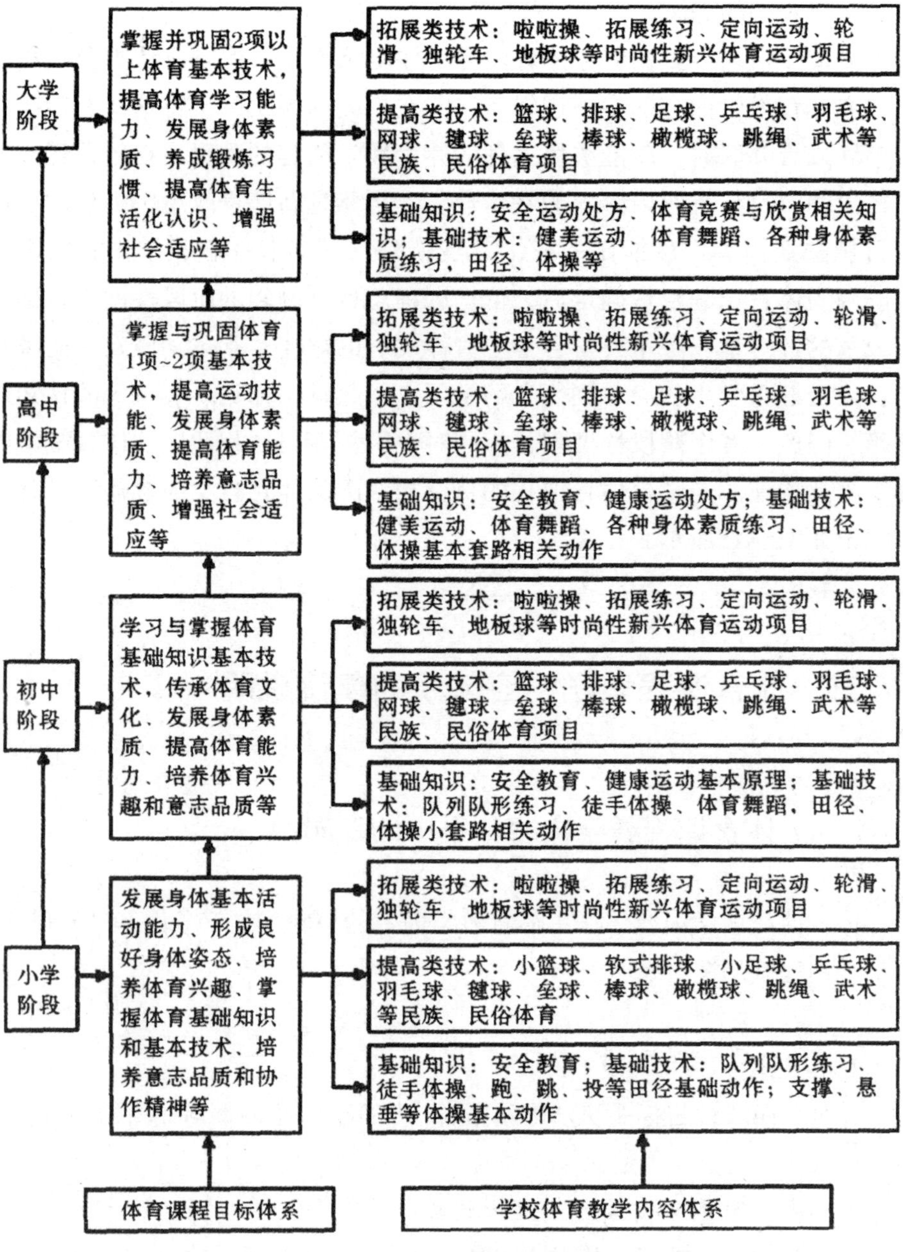

图5-15　学校体育课程教学内容体系[①]

① 毛振明，于素梅.体育教学内容选编技巧与案例[M].北京：北京师范大学出版社，2009.

3.体育教学内容内部的逻辑线

无论是基础类技术，还是提高类和拓展类技术，其自身均有从基础到提高、从部分到完善的逻辑关系。

（二）体系中体育教学内容的基础性与提高性

从对基础类、提高类以及拓展类三类体育教学内容的逻辑关系分析中可以发现，在各类体育教学内容中，三类内容均具有技术基础性和技术提高性递进关系，而不同学段、级段在选择和排列体育教学内容时应当了解这一逻辑关系。以基本技术类教学内容的支撑类技术为例，单纯的支撑，如俯撑、单杠正撑、双杠支撑、蛙跳等就是基础类的支撑技术；而单杠的支撑回环、支撑后摆下、双杠的支撑行进、支撑摆动、支撑摆动的下法、支撑转体、兔跳等就是基础技术的提高；而手倒立、爬倒立、头手翻、山羊的支撑跳跃等就是更高一层的提高类支撑动作；而单杠、双杠的手倒立、摆动手倒立、前手翻、跳箱的支撑分（屈）腿腾跃等又是相对更高一层的支撑类技术。

（三）构建体育课程教学内容体系的基本要求

要使体育教学内容的系统性、完整性得以保障，使学生真正能够掌握一两项有用的运动技术，为终身体育和体育生活化服务，就需要做到以下三点要求。

（1）在课程管理体制的国家层面上，必须明确制定出课程目标，使课程目标能够真正服务于学校体育和体育课程。

（2）在地区层面上，各地区在选择规定体育教学内容时，必须真正考虑地方大众体育特色、传统体育优势，以及国家体育事业发展和地方体育发展的需要，应能够凸显地方特色。

（3）在学校层面上，学校对体育教学内容进行选择时，应根据学生的年龄和学习特征，尊重体育教学内容自身的技术逻辑和技术教学的规律，对体育教学内容的灵活性要体现出尊重这些规律的合理性。

第五节 课程思政引领下体育课程思政内容的选择与组织

体育课程教学内容的选择与组织原本是在体育教学范畴内，对相关的体育知识和技能的科学编排与取舍，主要目的是对学生进行体育教学。然而在课程思政理念的引领下，又为体育教学赋予了新的价值和作用，拓宽了体育课程教学的界限，激发出更大的价值，本节将就此内容展开详细的讨论。

一、课程思政引领下体育课程思政内容的选择

（一）体育课程思政内容选择的原则

在体育教学活动中增加思政内容，其实是一个内生的问题，而不是将外部的思政内容强加给体育教学。搞清楚这个逻辑关系之后，就能更加清晰地做出判断和选择。尽管如此，要想科学开展体育课程内容选择还需要一些明确的原则加以指引。从而保证体育课程内容的选择，对学生思想塑造以及价值观的影响能具有积极的引导，提升学生身体素质和运动技能的同时，也能将一些重要的价值观、世界观、人生观内化到他们的认知体系中。

1.健身性和价值性相结合

体育教学是针对提高学生身体素质的一门学科，而课程思政的目的是在体育教学过程中同时能提高和完善学生的思想政治水平，这两者原本并不相关，但是其内在又具有不同层次的关联。那么在选择体育课程教学内容时，就要同时兼顾所选内容的健身性和价值性，并且要将两者有机地融合。尽管体育教学和思政教学是两个截然不同的学科，但是要努力让学生在学习过程中获得自然流畅的学习体验。让学生在体育运动中不仅掌握运动技能，增强

体魄，而且还在不知不觉中逐渐清晰自己的人生价值观，磨炼自强、自信、自立、坚毅、勇敢、顽强等宝贵的精神品质。

2.时代性和传承性相结合

时代性和传承性是两个看似相悖实则本质相通的特性。时代性是指其内容能够反映时代特色，与当代年轻人的性情、喜好相吻合的一些体育运动形式。传承性是指那些富有优秀的传统文化的体育运动项目，在指导学生强身健体的同时，还能够熏陶和传输优秀的传统文化精髓。之所以说两者的内在是相通的，主要是由其共有的特性决定的，即无论是时代性还是传承性，它们都含有丰富的文化内涵，这些文化内涵具有传世的意义，值得被世世代代的国人传承，并且能够对青年学生产生重要的教育价值。

因此，在选择具有思政价值的体育课程教学内容时，应秉持时代性与传承性相结合。

3.科学性和可行性相结合

科学性是体育教学持续、健康发展的必要前提，因此，所选择的体育教学内容必须是经过科学论证和实践检验的，这是保障体育教学质量的重要条件。另外，仅仅有科学性还不够，因为有些教学内容尽管具有科学性，但是可能受到客观条件的制约，因而在实际教学中无法落地。由此可见，科学性必须与可行性相结合才能保证所选体育教学内容真正付诸实践并为学生带来预期的教学价值。在课程思政思想的引领下，使体育教学内容具有更多的层次和内涵，也丰富了学生的学习体验和学习效率，并促进他们的身心同步发展。

4.成熟性和发展性相结合

在开展体育课程教学内容选择时，还应注意采取成熟性与发展性相结合的原则。经过实践检验的体育课程解学内容，同时还要考察所选体育教学内容是否具有较大的发展空间，是否具有延展性，是否能够随着时间的推移而不断增补新的内容等。

成熟性与发展性具有同等重要的价值，是保证体育课程教学内容质量的两个重要标准。尤其是在课程思政的指引下，成熟的思想政治教育资源对体育教学构成一个强有力的支撑，使体育教学内容更加坚实，更加贴近社会发展，为学生进行社会实践和步入社会生活做好准备。

（二）体育课程思政内容选择的要求

课程思政是对体育教学的一种政治性指导，对体育教学内容起到必要的规范作用。其不仅能够激发学生的民族自觉性和自尊心，还能促进他们尽早树立起建设社会主义现代化强国的责任感和使命感。概括而言，体育课程思政的主要教学内容可分为以下几个方面。

1.符合身心健康教育要求

体育课程思政最基本的教学内容首先是促进学生建立起科学的健康意识和理念。身体是革命的本钱，是人生奋斗的基本前提，因此，在教学早期就应培养学生建立起身心健康的知识，并具备一定的提高身体素质的能力，懂得心理健康的建设和维护等，从而保证他们具有较好的身心素质水平。

在体育课程思政教学中，首要任务就是帮助学生树立新时代年轻人应具备的精神风貌和价值修养，促进他们养成健康的生活习惯，懂得保持身心健康，使学生从小就具备健康的生活态度和意识习惯。不仅掌握了体育运动丰富的知识，而且懂得将这些知识和技能灵活地运用于自己的现实生活中，督促学生养成知行合一的生活理念。通过体育课程的教学，在提高学生身体健康的同时也有助于增进学生心理健康，从而促进其身心的健康、全面的发展。

2.以理想信念教育为重点

在体育教学活动中，涉及大量的身体实践活动，这些身体实践活动推动学生走出舒适区，克服困难，不断地挑战自己的运动极限。在这一过程中，学生们不仅身体得到了锻炼，同时还有助于他们树立坚强的意志品质和高洁的精神信念。

学生在学习体育知识、体育技能的同时，不仅是智力的、身体的学习和训练，同时也是塑造精神品质的过程。通过体育教师的引导和带动，当学生全身心地投入体育课程时，就会得到全面的刺激和激发，学生进行身体训练的过程，也是建立自信心和自我效能感的过程，还是不断明确人生理想和生活信念的过程。而这一切的实现，都需要课程思政的科学参与。借助体育课程感染力强的特点，应努力加强对学生理想信念的教育和培养。

3.集体主义教育是关键

在完成健康身心教育和个人理想信念教育之后，当学生的个人层面的建设已经具备初步意识和能力之后，随后就要开展对其集体主义精神的教育工作。这也是体育课程思政层次性的重要体现，通过由简单到复杂、由个人到集体、由初级到高级的过程，循序渐进地完成对学生思想政治水平的完整培养与塑造。

集体主义教学具体体现为，在体育课程中引发学生对个人与集体的察觉、关注、思考，进而最终确立科学的集体主义精神。体育作为一种集体竞技性活动，是开展集体主义教育的最佳途径。在集体性体育活动中，学生们能够比较完整地观察和理解集体的形态和功能，以及个人和集体的关系、个人在集体中的价值体现等议题。采取让集体利益和个人利益产生最大价值的行动。通过在体育教学中反复尝试与训练，使学生建立起深刻的个人体验，能够做到所学即所用，在实际生活中逐渐养成坚定的集体主义信念，能够有意识地形成团结协作、服从组织、遵守纪律等优秀品质。

4.以爱国主义教育为根本

集体主义的最高境界就是爱国主义，在学校的体育教学中，每一个学生从个人、集体到国家的思想政治水平逐步得到发展和增强，这是体育课程教学所具有的一个有利特点。和其他学科相比，体育教学能够触及学生的多个方面，因此对学生的影响和激发也是多方面的。在其他以理论和知识教学为主要形式的课堂上，尽管也会对学生进行爱国主义教育，但是“纸上得来终觉浅，绝知此事要躬行”，可见，体育课程思政教学有其独有的优势。

爱国主义教育是每个国家的教育体系中的重要组成部分，是一个国家安全昌盛持续发展的重要保障。在我国的体育课程教学中，恰当融入爱国主义教育是十分必要的。并且，体育教学的形式是进行爱国主义教育的一个很适合的途径。在体育课堂上，学生在学习某一项体育运动的知识和技能时，会不可避免地想到在该项目中获得优异成绩的中国运动员。体育教师应抓住这一机会进行爱国主义教学，引导学生树立为国家的荣誉和利益而终生奋斗的崇高理想。

5.与奥林匹克精神相呼应

奥林匹克精神是现代竞技体育的重要文化内涵，是推动竞技体育发展的核心动力。当前我国的学校体育教学也是以竞技体育为基础而建立起来的，因此，在体育课程教学中强调奥林匹克精神教育是现代体育教学的必然选择。同时，奥林匹克精神追求更高、更快、更强的不断突破与探索的高贵精神品质，对促进学生的健康成长具有重要的引导作用，因此，在课程思政前提下加强对学生进行奥林匹克精神教育是十分必要和重要的选择。

此外，奥林匹克精神还包含团结、平等、公平、友谊的精神价值，这些都会督促学生自觉成为一个积极向上、努力奋进，懂得尊敬他人且追求公正公平的竞争关系，从小养成尊重他人、关心他人、诚实友善的生活态度，为促进学生建立良好的社会关系打下基础。

（三）体育课程思政内容选择的结构

体育课堂思政内容的选择要按照一定的结构科学地去构建。从现代体育教学理念的观点来看，体育教学的内容是由体育知识、体育价值观念以及体育能力构成的立体多元化的结构形式。因此在选择体育课程思政教学内容时，要同时满足以上三个方面的要求，对学生展开以体育教学为核心的知识、技能价值观的塑造和培养。

（四）体育课程思政内容选择的思维

体育课程思政内容选择的指导思想是科学创新，在体育课程教学中努力发挥对学生精神品质和价值观的塑造。而唯有坚持科学创新的思维，才能使体育课程思政选择的内容更加自然真实，符合学生的实际生活，能够被大多数学生所理解和接受，从而真正落实体育课程思政的教学目标。

因此，在进行体育教学内容选择时，必须以科学创新思维作为指导，要勇于创新，在现有的内容中，选择具有思政教学潜力的部分，然后根据课程的需要加以优化、改良和创新，使之契合体育课程思政教育的要求。

总之，体育课程思政教学需要以创新的方式进行内容选择，寻找丰富的素材，对体育课堂中有关的人物、历史、事件等内容进行深入分析和研究，让学生真正理解其背后的思想和价值，并将这些高贵的品质内化为自身发展所追求的目标。

二、课程思政引领下体育课程思政的主要教学内容

课程思政建设要围绕政治认同、家国情怀、文化素养等内容供给，对学生进行系统的中国特色社会主义教育、社会主义核心价值教育、法制教育等，增强学生的理想信念。结合体育蕴含的思政教育资源，体育课程思政的开展应包含以下教育内容。

（一）身心健康教育

身体是革命的本钱，学生必须拥有健康的身体和心理才能在竞争日益激烈的社会中脚踏实地地奋斗，赢得主动权。体育课程以人体运动为中介，能够提高学生身体健康水平，并促进学生心理健康。

（二）爱国主义教育

爱国是每个中国人最真挚、朴素的情感，是最自然的情感流露。培养社会主义建设者和接班人，首先要培养爱国情怀。这就需要在体育课程思政中充分发挥课堂教学的主渠道作用，将爱国主义教育纳入课堂，培养大学生的

爱国之情，激发大学生的爱国热情，砥砺强国之志，鼓励大学生把爱国热情转化为学习动力，积极为祖国建设添砖加瓦。

（三）集体主义教育

在学校体育课程思政中开展集体主义教育，主要是引导大学生正确把握集体利益和个人利益的关系，坚持集体利益高于个人利益的原则，让大学生在集体项目中形成团结协作、服从组织、遵守纪律等优良道德品质。

（四）理想信念教育

我国体育事业的发展可以说前途光明，道路曲折，体育奋进史彰显着我国体育健儿用理想信念铸就的体育强国梦。在学校体育课程思政教学中要向大学生传授体育历史、体育文化，将我国体育史上生动鲜活的教育素材展现出来，使大学生对我国体育事业的发展有更加深入的认识，并增强其责任感和使命感。

（五）法治和规则意识教育

学校对学生的教育应该是全方位的。在体育教学中，还可以结合体育竞赛展开对学生的法治观念和规则意识进行教育。学生是未来社会的主人翁，是国家建设的主力军，他们必须在学校期间就学习相关的社会运动规则，以便日后能够更好地适应社会的发展，在激烈的竞争中不会退缩、更不会在利益的诱惑下轻易变形。这些都需要法治意识和规则意识进行约束。体育教师可以借此进行民主法治和组织纪律教育，让学生在真实情景体验中感悟“自由”“平等”“法治”等社会主义核心价值观，强化学生的道德规范意识。同时，在体育教学中还要加强课堂纪律管理，实行组织纪律教育，培养学生遵守规则和纪律的好习惯。

三、课程思政引领下体育课程思政内容的组织

学校体育教学在组织课程思政内容时，一般采取以下两种方式。

（一）螺旋式与直线式相结合

在体育课程教学中融入思政内容，也要遵循事物的一般发展规律而进行。一般而言，学生学习新的知识和技能时，都是以螺旋式方式而发展的。因此，在组织体育课程思政内容时，也要重点参考这一模式。学校的体育课程思政，不是要求学生必须熟读熟记马列思想，而是以体育学习为主线，增加思想政治教育，包括具有中国特色的社会主义核心价值观、人生观和世界观，加强个人德道修养水平的建设，重视精神品质的提升等。而这些内容的教学都是以螺旋式为发展轨迹，通过循序渐进的方式，不断强化和提升学生的思想道德水平。

当然，在螺旋式这一主要的教学组织方式之下，还要辅以直线式方式，通过发挥两个模式的优势互补，从而有效地提高学生的思政道德水平，达到促进学生全面成长的目标。比如，在一些更加具体的单元，应该直接、明确地切入思想政治教育的内容，给学生以鲜明的价值指引，这时就需要采用直线式的教学内容组织方式。而采用螺旋式方式来组织课程内容，主要体现为循环往复地不断强化某些思想教育的内容，以达到良好的教育效果。

（二）横向与纵向相结合

除了螺旋式和直线式之外，体育课程思政教学内容的组织方式还有横向组织和纵向组织，而在实践中，往往选择横向组织与纵向组织相结合的方式，因为这样更符合客观教学的实际情况，也能够收获更好的教学效果。比如，在体育课程中融入思政教学，这就是横向组织方式。为了达到某种教学目标，将两个完全独立的学科进行创造性的融合，这是对教育资源的多重利用，是新时代寻求教育发展的一个有力尝试。横向的组织教学方式不仅打破

了学科间的界限，将学校体育活动和思想政治教育联系起来，实现二者之间的融合，而且也打破了学生思维中的藩篱。通过打通学科之间的界限，让学生充分意识到知识是相通的；设立不同的学科只是为了方便知识的研究和传递。在现实生活中，这些知识是彼此交织在一起，你中有我、我中有你，共同构成复杂、多变的现实世界。

体育思政课程内容的纵向组织，是指在教学中，在安排每个学期的体育教学内容时，体育教学要加强对各个体育运动项目的纵向衔接和拓展，让学生有机会充分地认识和学习各个体育项目。并且，随着体育知识和技能的不断深入，在课程思政的角度，也要循序渐进地加强思政教育的深度和广度，逐渐增强学生的思政水平。

总之，通过横向组织和纵向组织相结合的形式，科学组织安排体育课程思政教学内容，使学生获得最全面、最有效的体育课程思政教育，为国家培育符合时代发展需要的新时代优秀人才。

（三）显性与隐性相结合

人才培养并非仅仅靠教师的课堂教学来完成，而是贯穿课上、课下以及学生生活的方方面面。体育课程思政教学的实质是将思政教育的内容隐含在体育教学的形式之下进行。因此，在组织体育课程思政教学内容时，必然要以显性与隐性相结合的方式展开。

其显性部分是指体育教学目标、内容、模式等，隐性部分则是将政治因素、思想文化与道德品质的教育意图进行隐化处理。也就是说，在体育课程中发掘隐藏的体育精神、凝聚体育力量，在提升学生的运动能力和优势的同时，进行思想道德培育，并促进学生养成良好的学习方法和生活习惯。

第五章
课程思政引领下体育课程教学方法的改革

在我国体育教学实践中，有着成熟的方法总结和应用。在课程思政引领下，体育课程教学方法有相同的一面也有不同的体现，本章将重点讲述课程思政思想对体育教学方法的影响作用。

第一节　体育课程教学方法概述

一、体育教学方法的概念

体育教学方法是体育教学中将体育知识与技能传授给学生的手段和方式，是所有的教育工作者都必须掌握的能力。但是至今有关体育教学方法的概念，不同的专家持有不同的见解，但是大体上是相似的，因此可暂时将体育教学方法的概念做如下理解：体育教学方法是指在体育教学活动中师生为实现教学目标、完成教学任务而采用的所有手段和方式的总和。

二、体育教学方法的分类

体育教学方法具有成熟的分类方式，一般最常见的分类方法如下。

（一）根据人体感知方式进行分类

根据学生的感知方式进行分类的方法如表5-1所示。

表5-1　体育教学方法的分类

教学方法分类	具体方法
以语言传递信息为主	讲解法、问答法、讨论法等
以直接感知为主	示范法、演示法、保护与帮助法等
以身体练习为主	完整与分解法、循环练习法等
以探究性活动为主	发现法、问题探究法、小群体学习法等
以比赛活动为主	情景法、比赛法、游戏法等

（二）以教学主体进行分类

以教学主体进行分类，可以将体育教学方法划分为以教师为主的教法和以学生为主的学练法。

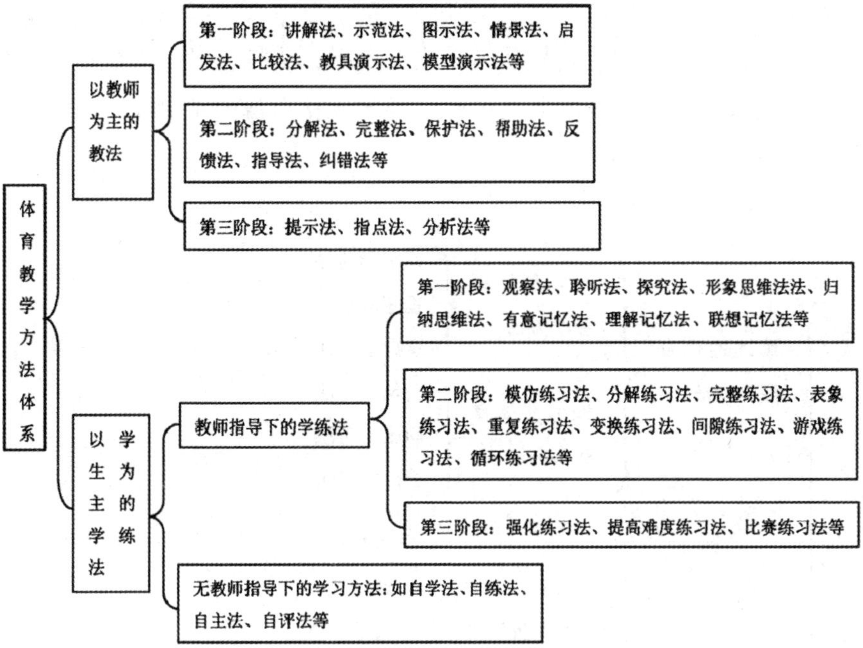

图5-1　体育教学方法分类体系（一）[①]

（三）根据体育教学指导思想分类

根据体育教学指导思想，将体育教学方法分为原理性教法和操作性教法两种类型（图5-2）。

1.原理性教学

原理性体育教学方法强调的是从相关的原理出发，在学生学习体育知识和技能的时候，以各种重要的理论为依据，使体育教学更具系统性，它的教学逻辑是从理论出发，从实践着手。其特点是能在学生的认知里打下良好的理论基础，为日后进行深入的学习做好理论上的准备。

① 李启迪，周妍.体育教学方法与手段甄异[J].体育与科学，2012，33（06）：113-117.

2.操作性教学

操作性体育教学方法直接从运动实践着手，直接让学生尝试运动的发生过程，感受其给身心带来的丰富体验。让学生从自身的亲身经历开始逐步深入学习体育运动知识和技能。

- 体育教学方法体系
  - 原理性体育教学方法
    - 知识型体育教学方法
      - 系统学习法
      - 程序教学法
      - 掌握学习法
    - 能力型体育教学方法
      - 发现学习法
      - 问题学习法
      - 合作学习法
  - 操作性体育教学方法
    - 以语言为主的体育教学方法
      - 讲解法
      - 谈话法
      - 口令和指示
      - 口头评定成绩
    - 以语言为辅的体育教学方法
      - 直观法
        - 动作示范
        - 教具、模型的演示
        - 电影和电视录像
      - 练习法
        - 按动作技术的结构
          - 完整练习法
          - 分解练习法
        - 按休息时间的长短
          - 集中练习法
          - 分段练习法
        - 按条件的变化情况
          - 重复练习法
          - 变换练习法
        - 按组织方式的不同
          - 游戏练习法
          - 比赛练习法

图5-2 体育教学方法分类体系（二）[①]

① 曲红军.论体育教学方法的分类与选择[D].山东师范大学，2003.

（四）根据体育与健康课程标准目标分类

依据体育与健康课程标准，结合教学方法的基本原理，可以将体育教学方法分为如图5-3所示的几种类型。

- 体育教学方法体系
  - 体育健康知识和运动技术理论教学方法体系
    - 讲解法、谈话法、问答法、讨论法、比较法、归纳法等
  - 运动技术教学方法体系
    - 泛化阶段教学法
      - 情景置疑法、启发法、发现法、直观法、示范法、多媒体法、模拟法、辅助练习法、暗示法、比较法、分解法、预防错误动作法
    - 提高阶段教学法：纠正错误法、部分完整练习法等
    - 技能巩固阶段教学法：
      - 重复练习法、变换条件法、完整练习法、自练法、过渡练习法、强化法、比赛法、循环练习法等
  - 发展学生体能方法体系：
    - 负重法、持续法、间歇法、游戏法、综合法、比赛法
  - 激励与评价运动参与方法体系
    - 激励法
      - 兴趣激励法：成功教学法、愉快教学法、需要满足法、教学引趣法等
      - 动机激励法：目标设置法、创新情境法、积极反馈法、归因教育法、价值寻求法等
    - 教育法：
      - 说服法、鼓励法、榜样法、评比法、表扬法、批评法等
    - 评价法：
      - 积极评价法、鼓励评价法、对比评价法、信息反馈法、自我评价法等
  - 发展学生心理方法体系：（包括社会适应能力）
    - 个别与集体指导法、个性培养法、自学法、自练法、差别教学法、分组轮换法、合作学习法、分层教学法等

图5-3 体育教学方法分类体系（三）[①]

① 李启迪，邵德伟.体育教学基本理论研究[M].北京：北京师范大学出版社，2014.

第二节　体育课程实施中的常用教学方法

一、讲解法

讲解法就是教师向学生阐述健美操基本知识，说明健美操动作要领、规则、要求等知识，目的在于指导学生学习和掌握健美操知识与运动技能。在新授课中一般采用这一教学方法。

二、提示法

（一）语言提示

健美操教学中，教师要用精简的语言或口令来提示学生要完成什么动作，在什么时间内完成，完成多少次，以什么方法完成，要达到什么要求等。在语言提示过程中，教师须做到如下要求：

（1）提示语言准确无误，声音洪亮清晰。

（2）口令提示与音乐节奏相配合。

（二）非语言提示

在健美操教学中，教师还可以运用肢体语言、面部表情来间接提示学生要完成的动作及需要注意的地方。在非语言提示中，教师需做到如下几点要求：

（1）不管选用何种形式来提示，都要使学生明白自己的用意。

（2）肢体语言规范准确。

（3）提示时机适宜。

（4）通过提示激励学生，使学生感受到自己是被重视的，从而在课堂上积极学习。

（5）非语言提示与语言提示结合使用。

三、纠正错误方法

采用纠正错误方法可以帮助学生掌握正确的动作，纠正错误方法具体有以下几种运用方式。

（一）语言提示法

在体育课堂上，体育教师会密切关注学生的练习掌握情况，一旦发现有动作错误会及时用语言提醒，指出问题所在、造成的原因以及如何避免等，这些都需要语言的表述才能实现。当然有时为了配合语言的表述，教师也会增加动作示范，使学生产生更加深刻的记忆，避免错误的再次发生。

（二）指导法

体育教学中伴随着大量的训练和实践练习，当教师讲解完新的知识内容后，需要留给学生充裕的练习时间。当学生在课堂上开展自主练习时，是教师进行指导的主要时期，因为只有学生在练习的过程中才能真正领会动作的奥妙，以及发现动作的难点。而只有当学生带着问题和困惑时，才能更好地理解教师的教学要点。此时，教师根据学生的问题所在，给出具有针对性的指导，使学生得到快速的提高。

（三）助力法

在体育教学中，有些技术动作具有较高的难度，学生在练习初期不能掌握，甚至不得要领。此时，教师应提供一定的助力，帮助学生体会正确动作的发力点、肌肉拉伸的正确位置以及对整体的动作产生身体记忆。然后让学生用心记住以上这些信息，然后带着记忆反复练习，从而逐渐能够独自完成动作，直至达到较理想的水平。

（四）对比分析法

教师先示范正确动作，再示范学生的错误动作，让学生对比观察其中的差异，认识到自己的错误并及时改正。

（五）静控体验法

有些学生在练习时不容易有效控制动作，常常出现错误。对此，教师需采用肢体控制方法来使学生切实体会肌肉用力感和正确的动作方位。例如，有些学生练习时手臂伸展不直，教师可专门安排两臂伸直的练习。

四、动作组合教学方法

在健美操组合动作教学中，为了提高教学的实效性，使学生连贯掌握健美操组合动作，需采取专门性的教学方法，即动作组合教学方法。下面分析几种简单动作组合的教学方法。

（一）连接法

连接法是指按照一定的顺序将单个技术动作连接起来，使其成为组合动作的方法。例如，教师先教第一个动作，再教第二个动作，然后连接这两个动作，第三个动作和第四个动作也是如此，最后将四个动作连接起来，形成新的组合动作。

以健美操为例，连接法的运用示例见表5-2。

表5-2　健美操连接法教学示例①

动作A	4迈步侧点地
动作B	2V字步
动作A+B	4迈步点地+2V字步
动作C	2交叉步
动作D	4小马跳
动作C+D	2交叉步+4小马跳
组合动作A+B+C+D	4迈步侧点地+2V字步+2交叉步+4小马跳

（二）线性渐进法

在健美操组合动作或套路动作教学中，教师经常采用线性渐进法进行教学。具体方法就是按顺序排列单个动作，只改变一个因素来实现动作之间的过渡，采用这一方法要注意动作的变化应以容易过渡为准。

线性渐进法的运用示例见表5-3。

① 赵晓玲.健美操教程[M].重庆：重庆大学出版社，2017.

表5-3 健美操线性渐进法教学示例[①]

步骤	节拍	动作	下肢动作	方向	上肢动作
1	1×16	A	一字步	面向前	双手叉腰
2	1×16	A	一字步	向2位，还原	双手叉腰
3	1×16	A	一字步	向2位，还原	手臂胸前屈，双手叉腰
4	1×16	B	并步跳	面向前	双手叉腰
5	1×16	B	并步跳	向2位，向8位	双手叉腰
6	1×16	B	并步跳	向2位，向8位	胸前击掌，双手叉腰

（三）递加循环法

递加循环法就是学习新动作后，连接前面的动作进行综合练习，教学示例见表5-4。

表5-4 递加循环法教学示例[②]

动作A	4迈步侧点地
动作B	2V字步
连接动作A+B	4迈步点地+2V字步
动作C	2交叉步
连接动作A+B+C	4迈步侧点地+2V字步+2交叉步
动作D	4小马跳
连接动作A+B+C+D	4迈步侧点地+2V字步+2交叉步+4小马跳

① 李少芳，朱艳.健美操的有效教学与系统训练研究[M].北京：九州出版社，2017.

② 同上。

（四）金字塔法

金字塔法是指改变单个动作的练习次数，递增或递减次数，用图形表示很像金字塔。金字塔法有正金字塔法（图5–4）和倒金字塔法（图5–5），前者指的是逐渐减少单个动作的练习次数，优点是使学生专注于动作技术、身体姿态、练习强度；后者指的是逐渐增加单个动作练习次数，优点是增加组合动作的复杂性和动作连接的节奏感，使学生的注意力集中到动作练习中，提高练习效果。

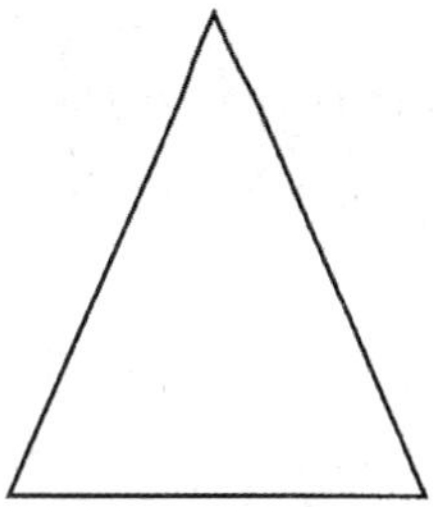

图5–4　正金字塔法

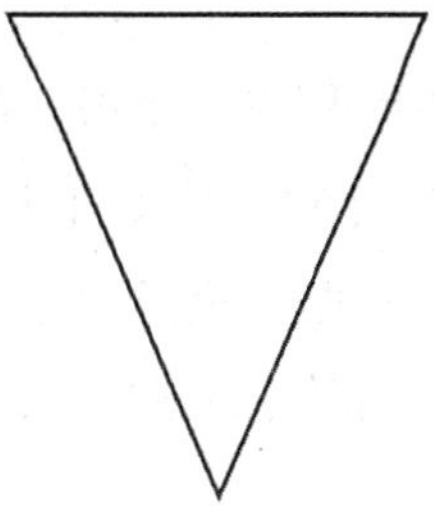

图5–5　倒金字塔法

正金字塔法、倒金字塔法的教学示例分别见表5–5、表5–6。

表5–5　正金字塔法教学示例[1]

步骤	正金字塔法
1	1脚尖侧面+1迈步吸腿
2	2脚尖侧面+2迈步吸腿
3	4脚尖侧面+4迈步吸腿
4	8脚尖侧面+8迈步吸腿

① 李少芳，朱艳.健美操的有效教学与系统训练研究[M].北京：九州出版社，2017.

表5–6　倒金字塔法教学示例

步骤	倒金字塔法
1	8脚尖侧点+8迈步吸腿
2	4脚尖侧点+4迈步吸腿
3	2脚尖侧点+2迈步吸腿
4	1脚尖侧点+l迈步吸腿

（五）过渡动作法

过渡动作法就是将一个或一段简单的动作加在复杂动作之前，作为学习复杂动作的一个过渡。这对于掌握复杂动作非常有利。学生掌握复杂动作后，可去掉过渡动作再进行完整练习。

过渡动作法的教学示例见表5–7。

表5–7　过渡动作法教学示例①

动作A	4迈步侧点地
过渡动作N	4并步
动作A+N	4迈步侧点地+4并步
动作B	2V字步
动作B+N	2V字步+4并步
动作A+B+N	4迈步侧点地+2V字步+8并步
动作C	2交叉步
动作A+B+C+N	4迈步侧点地+2V字步+2交叉步+4并步
动作D	4小马跳
动作A+B+C+D	4迈步侧点地+2V字步+2交叉步+4小马跳

① 李少芳，朱艳.健美操的有效教学与系统训练研究[M].北京：九州出版社，2017.

（六）层层变化法

层层变化法是指在多次练习中，通过层层变化从一个动作组合逐渐过渡向另一个动作组合的方法。运用这一方法，需在原有动作的基础上做出改变，每改变其中一个动作，就要重新练习整个组合动作。

4×8拍动作组合的层层变化练习方法示例见表5–8。

表5–8 4×8拍动作组合①

动作A+B+C+D	4迈步侧点地+2V字步+2交叉步+4小马跳
改变动作A后： A″+B+C+D	4并步+2V字步+2交叉步+4小马跳
改变动作B后： A″+B″+C+D	4并步+2十字步+2交叉步+4小马跳
改变动作C后： A″+B″+C″+D	4并步+2十字步+2上步吸腿+4小马跳
改变动作D后： A″+B″+C″+D″	4并步+2十字步+2上步吸腿+4开合跳

第三节 体育课程实施中的创新性教学方法

时代在发展，技术在进步，体育教学也应与时俱进，不断寻求突破和创新，从而保证体育教学方法与社会进步的步伐保持一致，才能培养出新时代建设所需要的人才。

① 赵晓玲.健美操教程[M].重庆：重庆大学出版社，2017.

一、体育课程实施中教学方法创新的原则

体育教学方法体系的建设是一个动态过程，需要不断地精进和优化，才能保证体育教学方法的有效性。由于这一特性，在具体的执行过程中必须建立一些原则和依据，以便体系建设工作的顺利开展。一般地，最为常见和重要的原则有以下几点。

（一）整体性原则

整体性原则是指，在建设体育教学方法体系时，必须从一个综合整体的视角入手，尽管体育教学方法繁多，但是在搭建这一体系时，不能形成“散乱无序”“各自为政”的状态。每个教学方法可以自成体系，但是也要与其他方法产生呼应，形成彼此不同又相互补充的一个不断完善的教学方法体系之网。

实际上，体育教学方法也许形式不同，但是从内在逻辑来看，他们必然具有一定的联系。在体育教学方法体系中，不同的教学方法之间或多或少地存在一定的内在关系，它们会按照一定的规律与逻辑，形成既复杂又有序的一个有机体系，并且使每一个方法都能充分发挥出其特有的功能，进而使教学方法体系发挥出整体优势，促进体育教学目标的达成。

（二）功能性原则

教学方法是为了实现特定的教学目标，因此，功能性是体育教学方法体系建设的另一重要原则。体育教学方式是实现体育教学目标的最直接的途径和手段，因此，教学方法的功能性是衡量其或者先进、或者落后的重要指标。教学方法的功能是多样的，体育教学方法的功能也是非常丰富的，如对体育教学秩序的维持功能、对教学过程的推进功能，对师生形成良好互动关系的催化功能以及促进体育教学目标实现的终极功能等。

在体育教学方法体系的建设与优化中，既要不断丰富和完善体系，又

要同时做好对不同教学方法的归类，尤其是对功能的归类。通过组合不同功能的教学方法，可以调动起教学体系充分调动与发挥各类教学方法的功能，使这些具有指向性的体育教学方法在功能层面达到高度整合，最终达到最大的功能效应，取得最佳应用效果。从体育教学方法各自的功能与特征着手而加以组合，发挥整体功能与优势，具体可参考图5-6所示的整合模式。

以篮球三步上篮教学为例，体育教师可以采取多种教学方法教学，如讲解示范法、分解与完整法、强化练习法等。这几种教学方法都是体育实践课教学中常用的几种方法，体育教师可以将这几种方法综合利用起来。针对三步上篮技术动作中的重点与难点，体育教师做重点讲解与示范，然后由学生模仿，教师在一旁提供及时的纠正与指导，最后进行强化练习。最后由体育教师针对学生的学习情况给予点评。

（三）层次性原则

教学方法体系还需要遵循层次性原则，即不同方法之间要具有一定的层次，简单方法是复杂方法的基础，复杂方法是在简单方法之上的升级，如此这般形成一个循序渐进的过程。体育教学目标本身也是复合的，具有多重内在属性，嵌套着多个不同的子目标。并且，在体育教学的不同阶段，体育教学目标还会发生变化，因此教学目标和教学方法之间的选用有指向和引导作用，因此体育教学方法也会有相应的调整，这也是教学方法层次性的另一种体现。

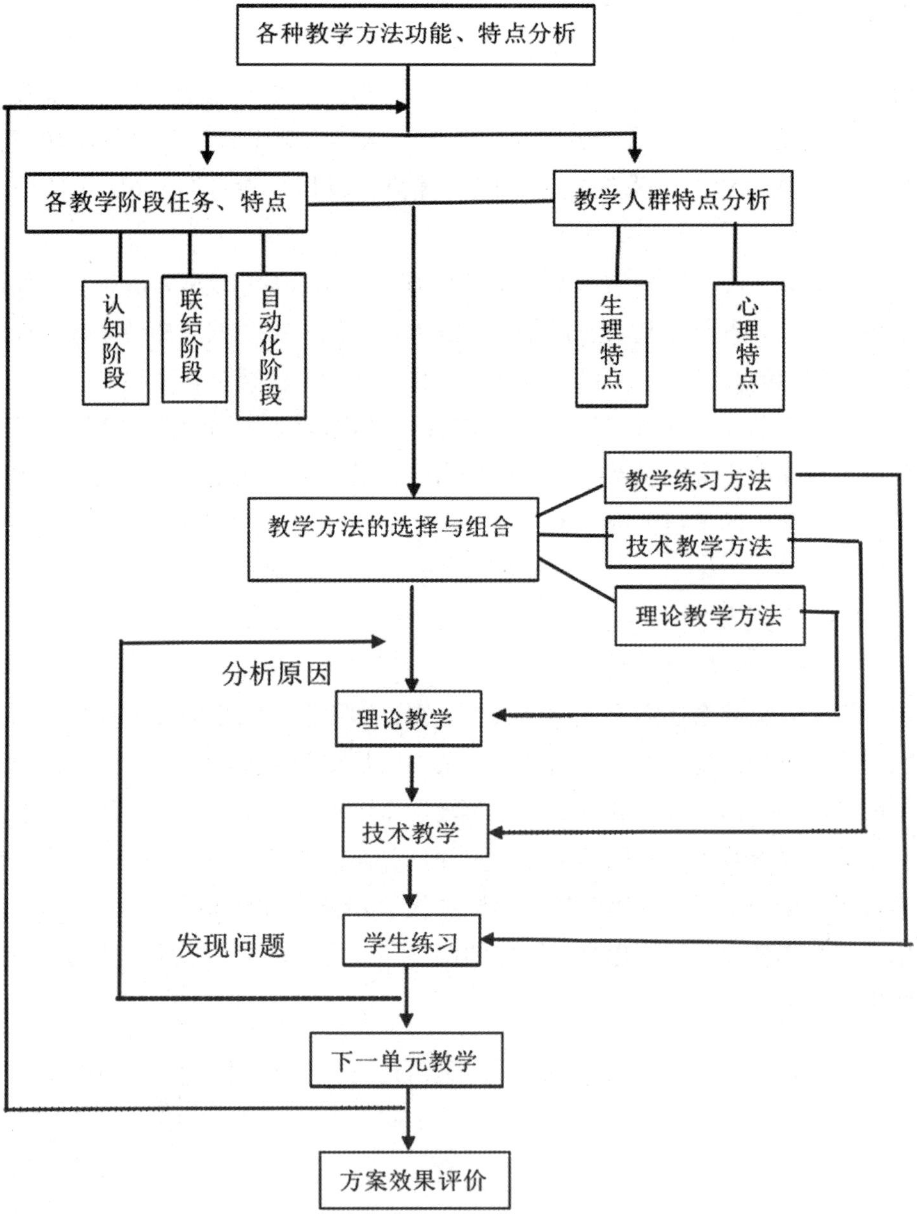

图5-6　体育教学方法优化组合模式①

① 张建龙,王炜.体育教学方法优化组合的依据、原则与程序[J].新西部（下半月），2009（05）.

二、体育课程实施中教学方法创新的内容

（一）问题探究教学法

体育教师在线上发布学习任务，如搜集体育运动推进文化交流事件（如海外乒团、筑梦行动等），学生收集与整理资料，在线上提交切入视角资料。教师汇总学生的资料与学习心得，统计学生的切入点，将观点相近的学生分为同一学习小组，共同讲述与讨论案例。班级学生被分为若干小组，各小组阐述与说明观点，以案例学习与班级讨论的形式带领学生了解中国竞技体育的奋斗历史，学习运动员的奋斗与拼搏精神，引导学生坚定信念，把握当下，为美好的明天奋斗。

（二）情景教学法

在教学的开始部分，可设计一些具有仪式感的环节，如奏国歌，从而导入情景，增强学生的感受和体验，激发学生的爱国情感。也可以在体育教学场地悬挂口号标语、中国体育史上宏伟事迹等标志物。这些教学场景无不包含着思政元素，使学生沉浸在思政教育的氛围中，能够提高体育课程思政的教学效果。

（三）合作性学习法

在体育课堂上组织热身活动时，让学生通过轮流领带做慢跑、热身操和游戏等练习，培养学生的责任意识和组织能力，提高学生的课堂参与度。在基本部分的教学组织中将学生分为若干小组，以小组为单位开展主题汇报活动。教师讲述历史事件，各小组讨论与汇报主题展示任务，如“中国乒乓，世界共享”的发展理念对乒乓球的发展具有哪些意义等，使小组学生相互合作，组与组有效沟通，从不同视角切入完成汇报任务，从而提高学生课堂参与的积极性、自主探究的热情、团结意识以及合作学习的能力，并培养学生

的实践能力。

（四）慕课教学法

1.慕课的含义

慕课（MOOC），英文 Massive Open Online Courses 的缩写，意思是“大规模开放在线课程”，慕课是远程教育的最新发展，本质是在线教育，核心要素包括大规模、开放、在线、课程。慕课作为信息化时代的产物，在一定程度上契合了当代教育发展的新模式，随着各类课程慕课教学的不断兴起，体育慕课也逐渐产生。

2.慕课的特点

基于互联网而产生的慕课教学方法具有以下特征。

（1）规模化

慕课制作者发布大规模或大型课程，有众多学习者学习慕课课程。学生自主灵活地对自己的学习时间作出安排，学习空间也不受限制，在什么地方都能学习。可见，慕课不像传统教学那样有时空限制，打破这一限制后，慕课的规模和自由度都有了全新的升级。

（2）开放性

全球各个国家、民族及角落的人只有具备了互联网条件，都能够对优质的网上课程进行学习，网上课程具有开放性，面向的是所有人。

（3）灵活性

慕课虽然本质上也是线上课程，是在线教育的一种，但是其不同于从校本课程移植而来的传统网络课程。后者对学科的逻辑性、专业性、系统性都着重强调，而且参考课堂教学方式录制教学视频，视频时间长，和传统教学的区别只是一个是线下，一个是线上，其他基本没有明显的差异。相对来说，慕课就开放多了，这从课程内容、课程形式中都能体现出来。慕课的内容对学科、专业没有绝对的限制与规定，而与学生的实际需求及现实生活更为贴近，更强调课程内容的普遍适用性和综合性，强调师生线上互动，强调学生主动学习。

3.慕课运用于体育教学中的优劣势分析

（1）优势

传统体育课堂教学容易受到场地、师资等因素的限制，而慕课教学则打破了这一限制，它依托线上网络课程，在课程内容、组织实施、考评交流等方面均突破了传统教学的时空局限，不论是几个人还是很多人均可同时进入课堂，提高了教学效率。而且大多数慕课课程资源是对所有互联网用户开放，不论是什么民族，在哪个地区，只要对体育课程感兴趣，都可在慕课平台中获得高水平教师的“无门槛”课程。这从一定程度上解决了偏远地区教育落后的困境，促进了教育的公平性和普适性。

线上课程的另一大优势是可以重复观看，学习者可以自由安排、选择学习时间，根据自身情况深化学习结果，充分理解动作要领，提高学习效果。将慕课教学融入体育课堂，可以有效地解决在实际教学中面临的课时不足、学生运动水平不统一、基础教学内容无法摄入等问题。只有提升慕课课程质量，增强教师课堂吸引力，引导并鼓励学生进行课上课下的自主学习，才能最大限度地发挥慕课的作用。这也进一步使以“教师为中心”的传统课堂教学逐步向以“学生为中心”的教学转变，激发学生学习的创造性，并进一步使学生从“要我学”向“我要学”转变，最终形成以学生为主体的个性化教学形式。

（2）劣势

慕课教学不受人数的限制，可以上万人同时观看课程，这也造成了师生之间互动难的问题。慕课教学中教师无法照顾到每个学生，难以做到因材施教，学习效果不尽如人意。尤其是对技能要求很高的体育课程，教师往往无法在教授内容之后纠正学生的错误动作，同时课程结束后技能考核也很难做到线上完成。同时，体育课程相对于其他课程更需要到相应的场地进行训练才能巩固技术动作，这一特殊性几乎是线上课程无法完成的，如游泳教学仅仅是线上教学，学生没有去泳池中练习就是纸上谈兵。另外，如果将学习的主动权完全交给学生而不监督控制，学生的学习效果则存在不确定性，当学习完全变成一种自律行为时，对思想活跃、兴趣广泛的大学生具有挑战性，对有的学生还起到了截然相反的效果。因此，只有采用线上线下的组合型教学方式，才能达到理想的教学效果。[①]

4.慕课在体育教学中的具体应用

（1）开发教学内容

构建体育慕课教学内容，主要是把好选题这一关。体育教师应该根据学校体育大纲、体育教学目标（身心健康领域的目标、运动参与和技能领域的目标以及社会适应领域的目标）、体育教学要求，并结合学生学习基础和运动能力而对教学内容进行筛选。设计每节课的教学内容时，都要明确哪些是教学重点，哪些是教学难点，要准确区分重难点内容和非重难点内容，然后在15分钟的时间内生动形象地讲解重难点，使学生理解起来更透彻，这既是对体育教师教学技能的考验，也是对学生获取知识及理解知识的能力的考验和锻炼。

慕课教学对学生的自主学习意识与能力有较高的要求，学校要立足学生需求而开发慕课教学资源，要通过科学设计慕课内容资源而有效培养学生的学习能力。慕课内容资源的开发对体育教师分割知识点的能力也提出了一定的要求，要求体育教师精确细分知识点，以符合慕课的特征，并满足慕课教学的需要。

（2）慕课制作

慕课教育是一种开放式教育、网络化教育，制作慕课的完整流程包括下列几个环节。

①慕课定位

体育课在学校教育中的地位越来越重要，体育教学越来越受重视，因此体育慕课和其他课程慕课教学一样都很受重视。学校应该从本校办学情况出发，联系互联网公司，在公平、平等、互惠互利的基础上建立合作关系，共同开发慕课，面向全校学生进行在线体育教学，将慕课教学本身的开放性和规模化特征体现出来。另外，要为学生在线学习提供便捷服务，拥有互联网移动终端如电脑、手机、平板的学生只要在线注册账号就可以在线学习体育

① 杜裕，冯度.慕课在高校体育教学中的SWOT分析[J].当代体育科技，2021，11(02):89-91.

课程，观看教学视频，学习各个模块的内容。

②视频策划

体育教师和互联网团队要合作完成慕课视频策划工作。制作视频要从章节方面来规划和考虑，还要考虑完成教学所用的时间，不同的知识点分别要用多久讲完，每个知识点都不宜占用太长的时间，否则与慕课的特征就不符了，也会影响学生学习时注意力的集中性。但是一味追求短视频、快速度也是不合适的，在有限的时间内简短介绍知识点基本只能笼统概括，来不及讲精髓，影响学生的学习效果。所以体育教师和视频制作人员要提前考虑好每个知识点大概占用的时间，重点知识点时间长一些，非重点时间短一些，灵活安排，考虑好了再录制视频。体育教师也可以观看其他学科慕课视频，吸取经验，学习视频制作软件，掌握视频制作的要点，从而亲身参与到体育慕课视频的制作中来。

制作体育视频，要做好收集慕课素材的准备工作，还要选择制作工具，并能灵活操作。这是非常重要的两个步骤。

第一步骤：收集素材。收集慕课素材要以体育教学内容为依据，学校一些工作人员因为还不具备很强的多媒体实践技能，所以慕课素材主要来源于学校自制素材、信息技术公司的加工素材两方面。前者包括课本内容、学生课外活动内容。后者是指信息技术公司人员利用互联网和专业设备而加工原始材料，包括制作体育场地图，呈现某一技术的分解动作和完整动作以及制作图片和配乐等。

第二步骤：制作工具。慕课教学视频呈现出的效果要比微视频好一些，这与慕课本身的规模化、开放性有关，而微视频相对比较小众化。制作慕课视频对视频拍摄场地、拍摄者以及拍摄工具的要求都很高，常用的制作工具包括PS（图片编辑的图像处理软件）、PR（视频编辑软件）和AE（图形视频处理软件）等。

③视频录制

影像摄制是非常重要的一个环节，做好这一工作，有助于使视频课件既清晰准确、简洁易懂，又与教学节奏与要求相符。慕课实施对教学情境、影像艺术的要求很高，但是在摄影艺术方面有很高水平的体育教师较少，所以进行影像摄制更为可靠。在这一环节既需要教师做好准备，也需要摄影人员做好准备。

教师准备：体育教师要紧紧抓住体育慕课的特征而认真备课，在录制前了解一些着装文化，了解怎么穿搭显得大气沉稳，而且还要了解如何调整身体姿势更上镜一些，要注意仪表仪态，要保持良好的精神面貌，将体育教师的风采展现出来。正式拍摄前，体育教师要和摄影师沟通好，讨论拍摄中要注意的地方，最终提高拍摄效率，呈现出成功的影像作品。体育教师上镜时表情自然一些，谈吐要清晰，目光要自然，可以将非语言符号适时加入教学中，自然大方，以赢得线上学习者的认可。

摄制准备：拍摄人员在正式录制前要准备好所有的器材、设备，要随时对场景布置、器材设备的功能进行检查，以免出现突发情况，影响正常录制。而只有把各个方面的准备工作做好了，录制才会更顺利，效率才会提升，才会有一个愉快的录制过程和录制体验。

为保证视频录制质量，一般要搭建专门的演播厅供体育教师讲课，以方便录制。演播厅作为重要录制场地，要做好场景方面的准备，具体来说，要准备好摄像机、背景布、讲桌。除了这些必需的布景外，还要搭配一些装饰品，这样整体看起来不会太僵硬，只有环境自然大方，体育教师在录制时才不会过于紧张，才会有很好的发挥，才会很成功地完成录制工作。

在拍摄视频时，要由专业人员调整机位，构图要有美感，一般准备两台摄像机，分别正对与侧对体育教师，进行两个角度的拍摄。

④视频剪辑

影像摄制完成后，后期要对录制视频进行加工，这就需要将一些常见的视频编辑软件利用起来，以呈现出最终的视频作品。所以说视频录制完不代表万事大吉，不代表真正结束了慕课制作工作，还需要再次加工。专业人员利用专门的软件进行二次加工时，可以将素材打乱，按照一定的逻辑关系和时间关系对各种素材进行调整，并导入重要的图片、动画或声音，从而呈现出形象生动的视频作品，使视频作为学生的学习资源而发挥自身的重要价值。

⑤平台上线

完成剪辑工作后，慕课制作的整个过程也就结束了，这时就需要信息技术公司上传最终的视频作品。学校在官网上传视频链接，学生登录官网、完成注册便可以看到录制好的视频，进行在线学习。

（3）教学组织实施

要顺利实施慕课教学，就要在上传慕课视频后有效监控学生的学习，同时也要鼓励学生自觉进行线上学习。

体育教师在移动终端后台可以对学生的学习情况、反馈信息进行监控，能够用表格形式下载详细数据，从而对学生的在线学习情况有更直观的了解。通过后台监控可以发现哪些学生没有按时完成在线学习任务，从而提醒这些同学及时弥补，以提高学生的自主学习意识。

学生在线学习慕课视频，遇到任何问题都可以在线反馈，教师或工作人员在后台实时解决问题。

第四节 课程思政引领下体育教学中德育方法的渗透

在课程思政思想的引领下，我国的体育教学方法并没有本质上的改变，更多的是根据思政教学的需要，在现有教学方法中尽量融入思政内容，并且使学生获得较好的学习体验，不会因增加思政教学内容而感到突兀和难以理解。本节主要探讨的是如何在体育教学中渗透德育内容。

一、课程思政引领下体育教学中德育方法的渗透内容

（一）道德情感的渗透教育

对学生进行体育课程思政教学，最直接的就是进行道德情感的教育。由于体育教学的特殊性，实际上非常适合进行德育情感的引导和教育。比如在

体育竞赛环节，教师可在主持比赛的同时，适时引导学生建立自尊感、责任感、公正感、荣耀感、集体主义情感和爱国主义情感等。

（二）意志品质的间接培养

在体育学习和训练中，学生会遇到很多挑战，包括身体挑战、情感的调整和精神意志的挑战，这就是塑造他们坚毅品质的最好时机。作为体育教师，不用刻意进行意志品质的教学内容，而是因势利导，在必要的时候加以引导和鼓励，就能起到很好的教学作用。

（三）社会行为的正向引导

在体育教学过程中，也是培养学生规则意识、法治意识和养成正向的社会行为规范的过程。譬如培养学生的人际交往能力，包括如何与人协作、如何分享胜利成果，遇到问题如何进行有效沟通等，都是正向社会行为的养成。

与此同时，通过体育竞赛，还能培养学生养成竞争意识和奉献精神，这些都是决定一个人是否能在社会上取得成就的重要品质，因此对学生今后的人生发展具有重要的作用。

二、课程思政引领下体育教学中德育方法的渗透特点

（一）德育目标的整体性

课程思政引领下的体育教学，就是在现有的体育教学活动中，将德育内容渗透其中，培养学生的思政素养。体育课程思政教学是以体育教学为本，体育教师根据情况将思政内容进行适时的穿插式教学，尽管从形式上看对学生的德育教育并非是连贯的，但是从教学目标上看其实具有鲜明的整体性，

每一个思政教学内容，都符合思政教学的整体目标。通过体育教学的形式，以及体育教师的巧妙引入，使德育与体育有机的融合，让学生在学会运动技能、提升身体素质的基础上，提升道德修养，帮助学生全面协调发展。

（二）德育内容的多元化

与思想政治课不同的是，体育课程思政的教学内容相对而言呈现出更加多元性的特征。思想政治课在教学中会按照既定的目标，系统、全面地展开教学。而体育课程思政则是以体育教学内容为主线，在合适的时机下，体育教师引入与当时的体育教学场景相适宜的德育内容，因此这样得到的效果就是体育课程思政的德育内容呈现出丰富、多元、不拘一格的特征。而且，这还带来另一个优势就是更加符合学生的认知规律，因为这是在学生的体育学习中进行的现场教学，这有助于学生对德育教学内容的理解和吸收。

（三）德育过程的内隐性

体育课程思政教学中德育教育的另一个特点是内隐性，体育教学为表，德育教学为里，采用的是一种润物细无声的巧妙方式。在德育方面，体育教师采用的教育方式与思政课的教育方式不同，体育教师的德育方式其实是隐而不现的，表面上他在教授体育知识和技能，而实际上学生接收到的信息却不只有体育，还有德育。体育课程中的思政德教育巧妙地绕开了直接灌输这种方式，而是将德育隐藏在体育课堂的各个环节中，以渗透的方式让学生在不知不觉中接受道德教育。

三、课程思政引领下体育教学中德育方法的渗透路径

在体育教学中融入德育教育还需要合理设计、巧妙安排，才能达到理想的教学效果。体育教学中的德育方法，主要依靠两个路径进行渗透。

（一）丰富体育课程德育元素

体育课程的思政教学，首先是选择合适的体育教学环节，然后合理地将德育元素安排在其中。这样既不会破坏体育教学的完整性，又能在恰当时候使体育教学得到升华，让学生获得丰富的学习体验，使教学效率和学校效率得到大幅提高。这其中最核心的一步就是尽量丰富体育教学中的德育元素，使体育教学更加立体，使德育教学更加饱满，让学生在体育课堂上接受到多维度的教育与影响。并且，这样获得的知识和体验更加接近社会发展的自然状态，更有利于学生将所学、所感运用到自己的现实中。

（二）提升体育教师德育素养

常言道身教胜于言教，这一点也符合体育课程思政教学的情况。体育教师在体育教学中对学生进行德育的另一个主要路径是充分发挥榜样的作用。在教学过程中，教师和学生之间有着紧密的互动与合作，学生不仅从教师那里直接获得课堂讲授的知识和技能，同时他们也在观察体育教师的言行举止，并在潜移默化中产生认同、进行效仿。

因此，体育教师自身的德育素养，也是进行德育渗透和教学的重要资源。对此，学校和体育教师应该努力提升、优化这一路径，以达到给学生带来更好的德育教育的目标。具体地体现为，体育教师要自觉地提升自己的德育素养，作为学校应积极完善对体育教师的思政水平的培养，并构建出健全的培育机制，通过对体育教师进行系统的、长期的、专业的思政培育，从而全面提升体育教师的思政水平和德育能力。最终实现体育教学中德育方法的有效渗透，增强体育育人的实效性。

第六章
课程思政引领下体育课程教学评价的改革

教学评价是教学活动的重要组成部分，在体育课程思政的教学实践工作中，提高教学评价的效率是促进体育课程思政的推动力之一，因此，必须重视对体育课程教学评价的改革工作。本章将从体育课程教学评价概述、体育课程教学评价的指导思想与原则、体育课程教学质量评价体系建设，以及课程思政引领下体育课程思政教学效果评价几个方面展开阐述。

第一节　体育课程教学评价概述

体育课程教学评价是体育课程的重要组成，它在一定程度上保证了体育课程的质量。因此，作为教育工作者需要对教学评价具有全面的理解和认识。

一、体育教学评价的概念

从字面上理解，体育课程教学评价由两部分组成："体育教学"和"评价"。体育教学，即以体育为核心内容的教学活动，是对学生的身体素质、运动知识与技能的长期培养与训练，从而达到提升和塑造学生的意识、观念、认知、精神品质、知识、能力，以及培养其养成良好的运动习惯的目标。

关于"评价"，《辞海》中给出的解释为"衡量人或事物的价值"。

体育教学评价则是以体育教学目标为依据，对教学过程及结果进行价值判断，以及为教学决策提供服务的活动。通常，教学评价包含两个核心环节：一个是对教师教学工作（教学设计、组织、实施等）的评价——教师教学评估（课堂、课外）；一个是对学生学习效果的评价——考试与测验。

在教学实践中，对体育教学评价概念的界定具有重要的意义。教学评价不仅对教学的"教"具有客观的价值判断，而且对学生的"学"同样有具体的评价方法和手段。简单来说，教学评价将对体育教学过程和教学结果做出一定的价值判断，从而使教学活动具有更多的依据，为今后的教学工作提供更有力的发展建议。

由此，可以将体育教学评价的概念界定为：将体育教学系统作为一种客观存在的对象，进而依据一定的标准对其进行相应的价值判断。具体来说，体育教学评价分为对体育教师教学的评价和对学生学习的评价两个方面。在这一评价过程中，既包含对体育教学过程的评价，也包含对体育教学成果的评价，通过两种评价的结合对照分析，可以得出一些宝贵的经验，可以不断提升教学质量，促进学生的全面发展。

二、体育教学评价的划分

体育教学评价通常按照以下形式进行划分（图6-1）。

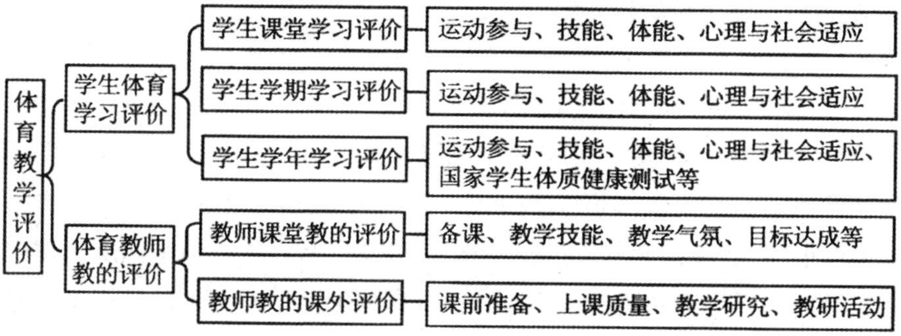

图6-1　体育教学评价的划分方式

（一）学生体育学习的评价

学生作为教学的主体，是体育教学评价过程中的重点评价对象。在学习活动中，学生是否对体育课程展现出足够的兴趣，是否在课堂上与教师和同学进行积极互动，是否在日常自觉进行体育锻炼，在考试中是否获得优良的成绩等，这些都是对学生体育学习的评价因素。这些因素分别对应着学生学习过程和学习结果的表现与成绩。

1.学生课堂学习评价

对学生课堂学习的评价可包含以下几个部分：是否积极参与教师布置的教学活动；是否全身心地投入学习，专注练习技能，当遇到困难和挑战时，能勇敢地直面问题、接受挑战；是否能有意识地走出舒适区，磨炼意志；是否善于与同学协作，在必要的时候能够放弃个人利益而成就集体礼仪等。

2.学生业余体育锻炼的评价

除了能够在课堂上认真学习之外，学生是否在课余时间也自觉开展体育活动，对某些运动产生强烈的兴趣等，也是进行评价的对象。如果学生能将在课堂上学到的体育知识和技能，自觉地运用到日常生活中，并且能够做到活学活用，养成将理论与实践相结合的良好习惯。这些都是促进学生持续成长，增强学习能力的重要体现。

3.学生学期、学年体育成绩的评价

考试成绩是对学生一个阶段的学习情况的综合考察，能够反映学生对知识和技能的掌握情况，在我国被绝大多数的学校所采用。通过考试这一形式，可以很好地督促学生进行复习、加强训练，从而更好地掌握所学知识和技能。但是，不得不强调的是，考试也有其局限性，并不是衡量学生学习情况的唯一手段。教师、家长和学生，应该理性地看待考试和考试成绩，应将此作为督促学习的动力，而不是将学生按成绩分类、分班，从而给学生带来不必要的心理压力。

（二）体育教师教学的评价

1.体育教师课堂教学的评价

课堂是体育教师实施教学活动的主要场所，是完成教学活动的主阵地，教师教学情况的优劣，基本上可以通过课堂表现得以体现，因此，课堂教学一直都是评价教师执教水平的重要因素。

评价教师课堂教学情况可通过这几个因素来进行：课堂组织能力、课堂气氛的营造、教学方法和教学手段的运用情况、与学生的互动，以及对学生课堂表现的临场反馈是否及时、准确、妥当等。

2.体育教师课前准备工作的评价

若想完成一堂精彩的体育教学，不仅需要教师在课堂上的完美呈现，而且还需要教师在课前做出大量的准备工作。比如对教学内容的精心准备，对教学方法的选择、对学生基础能力、个性特征和兴趣爱好的了解，以及对教学目标的分解等，都是体育教师在实施教学活动之前需要做出的准备工作，这些准备工作将直接决定了其教学活动的质量，也反映着体育教师的真实教学能力。

三、体育教学评价的基本特征

与一般的文化课不同，体育课程有着鲜明的特点，其教学评价也同样具有与众不同的特色，这些特点主要体现在以下几个方面。

（一）体育教学评价的动态性特征

一直以来我国学校体育教学都比较重视教师和学生的结果性评价，随着时代的不断发展，事实证明这一评价方式欠缺客观，要与教学过程评价结合起来使用。因此，体育教学评价的内容，要包括教学结果评价与教学过程评价两方面的内容，二者要有机统一起来进行。在具体的体育教学评价过程中，要看这一过程是否有利于达到预定的教学目的，而在评价结果时还要充分考虑评价过程中的各项因素。

（二）体育教学评价目标的发展性特征

体育教学评价要以体育教学目标为根本出发点和落脚点，这是评价体育教学活动成效的基本依据，因为离开了体育教学评价目标，整个评价活动就会无的放矢。受传统教育观念的影响，对于体育教学而言，一切教学活动都是为了帮助学生提高学习成绩和提升运动技能。这种评价方式不利于学生的全面发展。在未来的发展中，必须要关注学生的具体表现，着重于学生的长远发展。

（三）体育教学评价主体的多元性特征

随着学校体育教学的不断发展，教师与学生之间的联系日益紧密，彼此之间的互动越来越频繁。在这两个教学主体共同参与的情况下，能实现良好的评价效果。在具体的体育教学评价中，要重视评价主体的多元化，真实反映教学状况，这样才能得出相对客观和真实的评价结果。

在以往的体育教学评价中，主要采用以管理者为主的单一评价模式，学生在教学评价中处于被动地位，心理面临着一定的压力，出现畏惧评价的心理现象，导致不能及时准确地发现问题，教师难以得到真实的评价结果。由此可见，构建一个教师、学生、家长、管理者共同参与的多元评价体系是非常重要的，这直接影响到评价的客观性和真实性。

（四）体育教学评价方法的过程性特征

体育教学过程的评价在近些年来受到高度重视。在具体的体育教学评价过程中，全程跟踪学生的学习与表现情况，实时分析学生的优点与缺点，针对学生的这些学习情况进行细致的分析，给予学生有针对性的指导，这有利于体育教师及时修改与改进教学计划，从而为教学质量的提高奠定良好的基础。

在具体的教学过程中，教师要密切关注学生的学习情况，及时给予相应的评价。可以通过口头评价的方式及时评价学生的学习情况和情意表现，有效激发学生学习体育的兴趣，促进师生之间的良好沟通，帮助学生充分认识自身的不足，并加以提高。

除此之外，还可以通过记录学生的体育学习过程，帮助学生及时发现自己的缺点和不足，对自己的行为做出合理的评价。另外还要将学生平时的成绩与期末成绩相结合，不能只关注期末考试成绩，而要重视平时成绩的评价，这种做法符合当今学校教育的要求，有利于学生的全面发展。

（五）体育教学评价方法的多样性特征

受评价技术、评价方法以及评价主体等方面因素的限制，每一种评价方法都不是万能的，都存在着一定的长处和弊端，因此这就要求体育教师在具体的评价活动应以实际需要为主要依据，运用多种评价方式进行评价，以保证评价结果的准确性和可靠性。例如，体育教师可以在平时的教学中细致地观察学生的表现并作好必要的记录，制定成长资料袋，及时了解学生的变化情况。这样非常有利于教学评价活动的顺利进行，有利于教学质量的提高。

四、体育课程教学评价体系的构成

体育课程教学评价体系的建设可以遵照一般规律进行。比如，对教学进行评价一般都是由以下几个要素构成，只要严格执行这些指标，就可以基本保障体育课程教学评价工作的有效开展。

（一）评价指标

评价指标是体育课程评价体系的首要因素。这些指标能够综合反映体育教学情况的绝对数、相对数和平均数。通过评价指标，能够反映体育课程的相关本质特征。而且在指标的数字化的表征下，使这些特征更加具体化、行为化，更有利于做出判断和分析，从而促进教学的顺利开展。

通常，体育教学评价中体育教师教学评价和学生学习评价被设定为一级指标，每一个一级指标之下，还会根据实际情况分别设置有二级评价指标、三级评价指标等，所有这些指标共同构成体育教学评价体系。

对于学校的体育教学质量评价，确定评价指标是评价的基础工作。体育教学是一个系统的过程，在进行评价时，需要有重点、有针对性地展开评价才更有效率。需要注意的是，对体育教学质量的评价，仅仅通过观察和评价某一次课堂教学表现显然是不够的，要想客观全面地考察和评价体育教学质量，必须选定合理的时间周期作为评价指标，如将一个学期或者一个学年作为评价的基础。

此外，确定评价标准体系的各项内指标时，还应考虑到评价的多主体性。例如，要兼顾终身教育、终身学习、终身发展的需要，同时突出发展性评价，通过科学方法建立指标体系，并根据学校的具体情况确定与之相适宜的评价指标并构成评价指标体系。

（二）指标权重

明确了各级指标之后，就是对指标的权重进行选定。这是因为并非所有的指标对体育教学都具有相同的影响力，实际上各个指标在指标体系中所占有的重要程度各不相同，即便是同一级别的指标。其权重值也是不同的。因此，确定各个指标的权重值，是建设体育教学评价体系的重点工作之一。对评价指标权重的权衡过程，也是对评价指标再次检验的过程，通过反复比对各个指标对体育教学活动的影响力，能够更加清晰准确地对体育教师和学生提出具有针对性的要求。从而对体育教学质量的提升起到一定的促进作用。

（三）评价标准

有了指标以及各自的权重分配之后，就是对评价指标进行尺度的量化分析，即制定相应的标准。每个评价对象都具有其个性特征，表现在学习过程和学习成绩上则是明显的多样性。为了能够客观地反映被评价对象的真实情况，因此在制定评价标准时，要考虑评价的尺度是否足够涵盖丰富的现实情况，是否能较为全面、客观地反映被评价对象的真实水平等。

五、体育课程教学评价的功能

体育课程教学评价在体育教学中发挥着支持性、导向性、总结性等功能，因此对体育课程教学的质量和完善具有不可或缺的重要意义，以下将重点介绍几个突出的特点与功能。

（一）导向与激励功能

体育课程教学评价的存在本身，就对体育教学发挥着导向性的作用。由于教学评价的存在，无论是教师的教学还是学生的学习，都会在意识里提醒自己要符合评价的要求，并努力达到较高的标准等，这些就是导向性功能的具体体现。

另外，教学评价并非仅仅是对教学结果的评价，也是对教学过程的干预，并且这种干预常常是以激励的形式出现的。通过教学评价指标和权重的引导，体育教师和学生将会对教学过程和教学结果有一个大体的感念，直到朝着怎样的方向努力，以及要获得这一评价需要付出多少努力等，这就是其激励功能的表现形式。

（二）鉴别和诊断功能

体育课程教学评价的另一个重要功能是鉴别和诊断功能。体育课程教学评价的目的，不仅是对教师和学生的教学结果和学习成果的回顾与总结，更重要的是找出教师教学和学生学习过程中存在的不足，如不当的教学方法或者学习方法、低效的师生互动、不够严谨的学习态度等，这些都可以通过教学评价进行鉴别和诊断，从而帮助教师和学生明确自身存在的不足，为接下来的体育教学活动提供更恰当的方式方法。

对于教师而言，通过教学评价，能够快速、有效地发现自己在教学实践中存在的优点和缺点、困难和问题，而且更重要的是能给教师指出自己看不到的盲点，从而促进教师的快速成长。

对于学生而言，他们作为教学活动的主体，自然是教学评价的重点关注对象。然而，由于学生的学习能力参差不齐，且凭借教师一人很难同时对全部学生做到最及时和准确的教学指导，因而必须督促学生发挥其主动性和自主性进行学习。这时候，通过教学评价鉴别和诊断，能够有效地帮助学生认识到自己在学习中存在哪些问题、具有哪些优势、今后的主要的努力方向是什么等，这些都需要教学评价来实现。

（三）反馈和指导功能

体育教学评价还具有反馈与指导的功能。在教学实践中，当教师全力以赴准备教案、实施教学的时候，尽管他们拿出了自己最大的努力，但是仍然无法做到尽善尽美。这时候就需要教学评价给出正确的反馈，从而为教师提供可靠依据，来对体育教学活动的进一步开展起到积极的指导作用。

从心理学的角度看，人们在实践中取得进步、达成目标，都离不开反馈信息的作用，通过反馈信息能有效指导人们对自身行为进行调节，使其更加有利于目标的实现。因此，在体育课程教学中，教学评价发挥的反馈和指导作用，对体育教学的不断完善是非常重要的。如果体育教师善于利用这些反馈信息的话，能够及时捕捉自身的不足，并加以改进，那么其教学能力将不断得到提升，也有助于加快自身的快速成长。

（四）榜样与竞争功能

体育课程教学评价除了具备直接对教学实践的指导功能之外，还具有一些形而上的功能。比如，通过体育教学评价，还能在教师或学生之间选拔优秀的佼佼者，从而起到树立榜样的激励作用，以及促进教师和学生展开积极竞争，使体育教学进入良性的循环。

比如，通过具有公信力的教学评价，能够适时、客观地肯定具有突出成绩的体育教师的教学工作，从而激励了其他教师也发奋工作，努力赶超优秀体育教师，获得自身的职业价值感。对于学生而言，鼓励性的评价对学生而言具有强有力的督促作用，使强者更强，同时也会激励后来者迎头赶上。如果教师能够经常表扬、反馈、评价、激励学生的学习态度和学习成果，可以极大地提高学生学习的积极性和学习效果。

六、体育教学评价的注意事项

（一）兼顾多重教学目标

一般可以将体育教学的目标分成三个方面，分别是知识方面的目标、情感方面的目标和技能方面的目标。在体育教学评价中，必须将这三个方面的目标全面考虑进去，不能只评价知识目标而不注重评价情感目标和技能目标。此外，体育教学目标有不同的层次，在体育教学评价中应评价每一层次的目标。例如，知识方面的目标可以分为六个层次，分别是知识、理解、应用、分析、综合和评鉴。因此，在对知识教学结果进行评价时，不能只偏重评价其中的某一层次，而不评价其他层次，评价中要兼顾多方面、多层次的目标，要对多元的目标要素加以考虑，从而提高评价的完整性与科学性。

（二）多次评价

体育教学评价的目的主要是促进体育教学目标的达成、对体育教学水平进行改善，促进学生学习效果的提高。为了促进体育教学目标的顺利达成，必须进行科学评价，确保评价信息的准确性和评价结果的真实性，这是实现教学目标的主要决定性因素。而只有多次评价同一评价对象的样本行为，才能保证获得正确的评价结果。如果只进行一次评价，难以保证评价结果没有误差，评价结果的信度和效度都比较低。多次评价可以减少误差，使评价结果的平均数与真实的结果更加接近，最终获得准确度高、可信度高的评价结果。所以，为了获得正确的评价结果，有必要进行多次重复的评价。

（三）承认学生个体差异

在体育教学发展中，学生居于主体地位。受遗传因素、生存环境及自身努力程度等因素的影响，每个学生都会在发展过程中表现出与其他学生的不同之处，这是客观现象。鉴于不同学生之间存在这样或那样的差异，应在体育教学评价中制定不同的评价标准，包括以下几点：

第一，针对不同年级的学生制定不同的评价标准。

第二，针对同一年级不同班级学生制定不同的评价标准。

第三，针对同一班级不同学生制定不同的评价标准。

只有针对学生个体差异制定不同标准进行评价，才能达到体育教学评价的目标，才有利于对不同学生的潜能进行挖掘，激励每个学生进步，使所有学生都能够在自己原来的基础上获得新的发展。

（四）正确运用评价结果

将体育教学评价结果充分利用起来能够有效改进体育教学效果。体育教师应在完成体育教学评价后，以体育教学目标或教学内容为依据对学生的学习方法以及兴趣爱好进行分析，对学生学习的优点有所了解，以便有目标、有针对性地对学习辅导策略进行制定，从而提高学生的学习效果。

在体育教学评价中，体育教师应以鼓励式评价为主，使学生充分认识自己的优势，增加学生的自信，使学生保持良好的学习和生活心态。教师鼓励学生体现了教师对学生的信任，这样教师也能够获得学生的信任。教师应善于观察学生，发现学生的潜能与优势，不吝夸赞学生。在体育教学评价中，教师要认真、客观地评价每位学生，使每一个学生都感觉到自己是被在乎的，是受重视的。教师只有充分肯定学生的优点与进步，才能将学生学习的积极性充分调动起来，才能在体育教学中获得学生的积极配合，进而提高教学效率。

第二节　体育课程教学评价的指导思想与原则

体育课程教学评价需要在一定的指导思想下进行，同时还需要遵循相应的原则，本节将就此展开分析。

一、体育课程教学评价的指导思想

（一）对教学要素的全面分析

体育教学过程是一个由诸多因素构成的复杂过程，考虑到这一点，在体育教学评价体系建设中要对教学过程的构成要素尤其是过程性要素进行分析，要将体育教学基本规律、体育教学的完整性、整体性、综合性等体现出来，要将体育教学工作的概貌全面反映出来，保证评价结果的可信度，以促进有关部门全面诊断，综合改进。

（二）动态、静态评价相结合

构建体育教学评价体系，要将静态评价与动态评价结合起来。这里的静态评价主要是指终结性的评价手段，优点是便于操作，缺点是评价缺乏客观；而动态评价则指的是通过评价而促进建设、改进，监督教学目标的实现。

（三）从教学条件的实际出发

在评价体育教学条件方面，既要提出严格的评价标准，又要从学校财力条件出发，实事求是。通过评价，督促有关部门合理配置体育教学资源，对教学条件予以改善，为体育教学工作的开展提供便利，满足学生学习的实际需求。

（四）对完整教学过程进行评价

将体育教学效果评价、教学条件评价及教学过程评价结合起来，但也要抓本质、抓重点，对核心指标和项目予以筛选和确定。切忌眉毛胡子一把抓，应分清主要矛盾和次要矛盾，抓住重点，有计划、有步骤地完成，以提高学生的学习体验和学习效果为根本目标，将教学评价切实运用到教学实践过程中。

二、体育课程教学评价的原则

（一）客观性原则

在学校体育教学评价的过程中，首先要遵循的原则是客观性原则。教学评价的目的就是客观反映现有体育教学的状态、情况，其存在的问题、具有的优势、发展的趋势等。只有全面地收集、整理相关资料，并对这些资料进行客观呈现和分析，最终如实反映出当前体育教学的真实情况，才是进行体育教学评价的意义。

但是，在实际操作中做到客观性并非易事。因为每个人都有自己的主观认识，很难做到完全摒弃主观而对事事都能客观地选择、理解和判断。并且，每个人都有其局限性，这也是无法完全做到客观性的另一个原因。因此，相关人员在进行教学评价时，要时时提醒自己尽量避免主观介入，而是应该最大限度地呈现教学评价的客观性，以保证教学评价的顺利进行。

（二）科学性原则

科学性原则是指，在开展教学评价时，一定要选择最先进的科学方法，采用经过理论和实践验证的研究手段，从而保证对教学评价的准确性和权威性，使教学评价真正具有价值和意义。在学校体育教学评价体系的建设中，应该在每一个环节都秉持科学性原则，杜绝人为因素的干扰，合理筛选评价内容和评价指标，科学分配各个评价指标的权重，努力做到对教学过程和教学结果的评价都是严格按照科学的方法进行的。

（三）发展性原则

体育教学活动是一个不断发展和变化的过程，因此对体育课程教学活动的评价体系也应该采取发展的思想和态度进行建设。评价体系的发展性体现在，教学评价体系的目标是促进学生更好地学习和发展，向内探索自身的潜力，向外开拓更广阔的学习天地，体育教学是辅助学生更好地成长的一个途径，为学生养成良好的运动知识和锻炼能力打好基础。另外体育教学评价体系还要具备促进学生自我发展，提高体育教师教学能力，以及提升学校体育课程思政教学的质量。

（四）多样性原则

科学的评价应该具备多样性的特性，尊重事物发展的多样性这一基本事实。因此，在建设体育教学评价体系时，也应遵守多样性原则。多样性原则具体是指在对学校体育课程进行评价，应从多个角度、从不同的方面进行评价，而且要善于采用多样的评价方法和手段，将他人评价与自我评价相结合，将定期性评价与经常性评价相结合等。总之，用尽量多样的评价角度和评价方式将更有利于促进体育课程教学评价体系的建立。

第三节　体育课程教学质量评价体系建设

体育课程教学过程的复杂性和综合性，决定了其教学评价体系的建设不是一件一蹴而就的事情。相反，这一过程需要经过长期、持续的完善、优化和提高，才能获得较为理想的效果。同时，还要注意与时俱进，教学活动是动态发生的，而非一成不变的，要注重与现实生活相联系，让学生体会知识与实际生活的内在联系，给学生带来高质量的体育教学体验。本节将对体育教学质量评价体系建设的有关问题展开研究。

一、体育课程教学质量评价的路径

在我国的体育教学中，对教学质量的评价路径有着多年的探索，也总结了一些经验和教训。目前，已经形成一套具有较强的关联性的评价路径，并对持续促进体育课程教学质量的提高发挥出重要的作用。

（一）建设规范的评价制度

提高体育教学质量需要具备一定的前提条件，其中包括完善的评价制度和规范的评价程序。一旦制度和规范得以形成，就相当于形成了一套有力的约束机制，之后对学校体育教学质量的把控，可以通过机制来实现，这是教学实践逐渐走向成熟的主要标志。

学校是为国家培养人才的重要场所，是国家未来发展的希望。对于体育课程教学而言，是我们国家发展体育强国建设的必然要求，是培养德智体美全面发展的新时代人才的必经之路，可以说体育课程教学对人才的培养发挥着不可替代的作用。在这样的背景下，要充分意识到体育课程质量的重要性，以质量评价为中心，形成完备的评价制度，规范的评价程序，切实提高我国各个学段的体育课程质量建设与评价。而在这一过程中，最重要的是关于教师教学的评价制度构建，以及关于学生学习的评价规范和程序。其主要构建步骤如下：

（1）分别针对教师和学生两个相关主体，建立评价教学活动的指标体系，包括对教师教学内容、教学方法等进行动态评价，以及对学生的学习过程中的学习态度、方法的评价。

（2）创建与评价相关的量表，使评价趋于规范化和程序化，使评价过程可控，并赋予评价不同的分值。

（3）在激励体育教师方面，可采取制定相关的奖惩政策，激活教师的工作积极性，发挥他们的个人能动性，从而有效促进体育教师全身心地投入教学活动，挖掘其更大的潜能。

通过以上步骤建设的体育课程教学质量评价，可以实现在制度层面进行管理和实施，从而极大地提升了体育教学质量管理的效率，不仅能够及时准确地反映出体育教学质量的真实情况，供学校、教师展开有针对性的对策，而且还保障了大部分地区在实施体育教学质量评价时的工作有效性。因为，通过构建评价制度及规范程序，可以大面积提升体育课程教学质量，并且降低了管理成本，促进体育教学不断向制度化稳步迈进，为社会培养出高质量的体育人才。

（二）丰富评价环节和方法

对体育课程教学质量的把控，还需要对评价环节和方法做足工作。评价环节的科学性将有助于从整体上提升教学质量，而评价方法的合理性和有效性，则对提高体育教学评价的效率有直接影响。通过丰富评价方法和完善评价环节，能够有效地提升体育教师的教学质量和教学效率，刺激学生的学习积极性。因此，丰富评价环节和方法是有效建设体育课程教学质量评价体系的手段。

（三）组建专门的评价团队

对体育课程教学质量评价体系的建设，是一项长期的工作，需要有专门的团队负责。在选择团队人选时，要对人员的构成做合理安排，从专业背景、年龄、性别、工作经验等进行多方面的考察和衡量，最终以组建一支专业知识、实践经验以及思政水平都十分过硬的团队，以保证对体育教学质量评价的专业性和权威性。

（四）提炼评价结果和总结

在完成体育教学评价之后，如何使评价结果更加清晰、有效，并且能够给出简练、中肯的意见表述，也是体育教学评价中非常重要的一个环节。在进行体育课程教学质量评价体系建设时，应重视对评价结果的提炼和总结。提炼评价结果与总结评价经验在体育课程质量评价路径中起着承上启下的作用。首先，提炼评价结果是对评价过程的高度总结，是对教学质量的全面评价后进行概括、归纳和分析的结果。这是体育教学评价价值的最突出体现，前期所有的努力成果在此时得以揭晓，哪些值得肯定和发扬，哪些还存在不足需要改进，这是对后期工作加强和改进的宝贵素材，为下一步的提升指明了方向。

学校以及专门评价团队，应对评价提炼和总结工作给予足够的重视。每次评价工作结束后，要拿出专门的时间，邀请校领导、评价团队以及所有的体育教师等有关人士一起开会商讨，对最终的评价提炼和总结进行讨论和研究。仔细研究其中的利好因子，摒弃其中的不利因子，同时依据评价总结制订符合本校实际情况的体育课程质量建设评价体系的具体措施。具体可参考以下步骤。

1.优化教学方案

根据教学质量评价报告，校领导和体育教研组等要展开深入的分析。将评价结果分别对应教学方法、教学内容、教学目标、教学组织等进行比较和分析，从而进一步优化现有的教学方案，为之后的教学质量提升做出努力。

2.调整教学要素

对教学质量评价本身进行经验总结，通过经验总结整合体育课程教学建设的各要素，重新调配资源，使其得到更好的利用和发挥。及时更新体育课程教学信息与素材，适时地对已有体育教学方式与策略进行深化与改革，努力提升体育课程的教学质量。

3.激活教学主体的内在动力

根据体育教学评价提炼的结果，对本校体育课程教学中教师的教风、学生的学风等影响教学质量和评价结果的关键要素进行分析。通过激发教学主体与客体的内在动力机制，来充分调动体育课程教学的内在活力，即从底层逻辑入手提高体育教学的质量。

（五）优化评价工具

工欲善其事必先利其器，这一道理在体育教学评价工作中也十分适用。在进行体育教学课程质量评价的过程中，还要注意对评价工具的选用、优化和更新。评价工具是指对体育教学各个环节进行分析和评价所采用的手段和方法。比如对结果的数据分析，采用最新的视频技术对教学过程进行记录和细节分析等都是评价工作中的重要手段和工具。在选择这些工具时，要与时俱进，对最新的科学技术发展保持关注，一旦出现可用于体育教学评价的工具应大胆尝试，以求为体育教学质量建设提供助益。

由于我国数量众多，受地域发展不平衡，资源分布不均等、学校建设类型不统一等因素的影响，体育课程的教学质量表现为参差不齐，甚至有较大的悬殊，因此在进行评价时也难以采用完全一致的评价工具实施评价。这要求我们在拓展与开发评价工具时，要充分考虑到这些客观情况的复杂性，既要兼顾评价工具的普及性，又要考虑到情况的特殊性。评价工具要尽量具有多样性、丰富性、针对性和阶段性，即既要能够适用于大部分学校，同时又要满足建设质量较差的学校，甚至可以满足处于不同建设阶段的学校找到适用的评价工具，这是优化评价工具的一个重要方向。

另外，还要鼓励体育教师以及学生也参与进来，他们是体育教学的主客体，是提升和影响教学质量最重要的因素，只有他们全身心地投入，并意识到教学评价的重要性，才能从本质上提升体育教学质量及其评价路径。

二、体育课程教学质量评价的对象

体育教学质量评价的对象，一般是从体育教师和学生两个方面进行，然后围绕体育教师和学生分别展开评价工作，即对体育教学质量实施了完整的教学质量评价。由于偏度所限，以下仅对体育教师的课堂教学和学生的课堂学习为例进行说明。

（一）对体育教师课堂教学的评价

在体育课程教学中，教师在对学生进行知识与技能等基本评价的基础上，增加思政素养评价，激励学生全面发展。在进行思政素养评价时，可以结合学生课前是否有主动预习；课上是否有独立思考、自觉练习；在教学比赛中是否积极进取、奋勇争先、公平公正竞争；在组织练习时是否积极协作配合、主动奉献等多个方面进行评价。课后可以通过谈话或问卷的方式了解学生对体育知识、技能的掌握情况以及对体育课程思政的理解能力，以及时发现问题，积极引导学生，并为下一阶段的课程思政教学设计提供参考。

1.体育教师课堂教学的评价指标

关于体育教师课堂教的评价方案很多，这里我们有代表性地选择了有关体育课堂教学评价的几个量表，来加以分析并参考（表6-1、表6-2、表6-3）。

表6-1　体育教师课堂教学评价指标①

一级指标	二级指标	权重	赋分
教学目标（10分）	（1）预设的符合程度 （2）可操作性 （3）教学准备 （4）课堂结构	6 4 6 6	
教学过程（30分）	（5）学习资源的处理 （6）过程调控的有效性 （7）运动参与的程度 （8）学练环境的创设 （9）对知识、技术的理解运用	6 6 6 6 6	
教学方法（30分）	（10）因材施教 （11）互动对话 （12）学习指导的范围和有效性	6 6 6	

① 李启迪，邵伟德.体育教学基本理论研究[M].北京：北京师范大学出版社，2014.

续表

一级指标	二级指标	权重	赋分
教学效果（12分）	（13）目标达成度 （14）学生的情感体验 （15）教育思想与理念	6 6 6	
教师素质（18分）	（16）教学语言 （17）教学情感	6 6	
教学特色		5	
评价结果　听课感受　累加分值　等级			

表6–2　体育课堂教学评价指标（同行、专家、领导）[①]

序号	评价项目	评价标准	权重	评定等级				得分
				A	B	C	D	
1	场地器材准备	课前认真检查场地器材，符合安全要求，器材准备有条不紊，便于教学顺利进行	7	7	6	5	3	
2	教案课堂	教学任务明确，符合实际，符合体育教学原则，重点、难点突出	8	8	6	4	2	
3	教学纪律与准备活动	课堂遵守教学纪律，无迟到、早退、接听手机、脱岗等现象；上课时不进行与教学无关的任何活动	6	6	5	4	2	
		准备活动充分，并与教学内容很好结合，形式活泼，适合学生生理、心理状况	10	10	8	6	4	
4	讲解示范	语言精练，通俗易懂，内容正确，富有启发性，示范正确、熟练、完美	15	15	13	10	7	

① 李启迪，邵伟德.体育教学基本理论研究[M].北京：北京师范大学出版社，2014.

续表

序号	评价项目	评价标准	权重	评定等级				得分
				A	B	C	D	
5	组织教法	组织严密、合理，教学手段、方法符合体育教学原则，教法富有新意	15	15	13	10	7	
6	课的密度负荷	合理运用各种活动时间，密度及运动负荷符合人体生理机能活动变化规律，符合学生实际情况	10	10	8	6	4	
7	掌握“三基”情况	发挥体育教育作用，学生能学到体育知识、技术及技能，能增进学生对体育的爱好，提高对体育教学的认识	8	8	6	4	2	
8	运动效果	利于学生身心健康，利于体质增强和身体素质的提高	8	8	6	4	2	
9	整理活动	具有实效，活泼轻快，有利于学生疲劳的恢复	8	8	6	4	2	
10	总评	能及时指出课中的优点和不足，并提出改进意见，课外活动有布置，并有针对性		5	4	3	2	
合计								

表6-3　体育课堂教学评价项目参考①

一级指标	二级指标	三级指标（参考点）
教学预设	目标定位明确	（1）符合课程标准要求和学生年龄身心特征、认知基础 （2）着眼学生知识、技能、体能、情感、态度和习惯养成 （3）符合生活实际，开阔学习视野 （4）定位准确，表述具体，易测量

① 李启迪，邵伟德.体育教学基本理论研究[M].北京：北京师范大学出版社，2014.

续表

一级指标	二级指标	三级指标（参考点）
教学预设	内容设定科学	（1）内容选择与开发符合课程性质，符合学生实际和需要，有利于激发学生运动兴趣和增强体能，有利于形成终身体育意识 （2）内容安排得当、分量适中 （3）教学重点与难点定位得当 （4）教学环节布局合理，衔接自然 （5）注重学练方法的适时渗透和价值观的形成
教学预设	资源准备充分	（1）每项活动有切实组织策略与安全准备 （2）教师穿运动服、运动鞋；学生穿运动鞋，着装轻便 （3）场地、器材布置实用、合理，调试安全到位
教学过程	课堂结构合理	（1）教学结构合理、完整，教学活动始终围绕教学目标展开 （2）教学环节有序，节奏张弛有度，内容逐层深入 （3）师、生双向互动，有自主、合作、探究性学习方式渗透 （4）有行之有效的课堂常规，教学组织、管理严密 （5）练习容量适度，时间分配合理
	教学方法恰当	（1）教学方法科学、合理，注重启发引导、直观形象 （2）手段灵活多样、有效，课堂气氛生动活泼 （3）注重精讲多练原则，设置有价值的练习，建立每节课学生慢跑5分钟制度（病残学生除外） （4）教学反馈真实、明确，及时纠正学生错误 （5）配合教学的现代教育技术手段运用恰当
	教学特色鲜明	（1）课程资源开发和教材运用有创新 （2）教学模式、教学方法和场地器材运用有创意 （3）教学过程处理有艺术 （4）教学情境营造有风格
教学素养	知识储备丰厚	（1）掌握运动基本技能和运动基础知识 （2）掌握教育理论基础和体育专业理论，了解教育规律 （3）掌握学生身心发展规律和课堂教学组织规律
	教学观念先进	（1）尊重和关爱学生，作风民主，教态端庄，师生融洽 （2）面向全体，关注差异 （3）鼓励学生运动参与、表现自我和创新 （4）评价学生善于激励
	教学技能娴熟	（1）语言表达准确、生动、形象，口令清晰、洪亮 （2）动作示范正确、优美、适时 （3）驾驭课堂能力强，善于调控学生持续注意和情绪 （4）善于应对课堂生成，调节教学预设及教学节奏，恰当处理偶发事件 （5）熟练操作体育设施及现代化教学设备 （6）善于运用保护与帮助，安全保护有效

续表

一级指标	二级指标	三级指标（参考点）
教学效果	学习水平达标	（1）能完成基本学习任务，掌握所学知识和技能 （2）运动负荷适宜，能有效地促进体能增强（练习密度不低于30%，平均心率达120～140次/分） （3）掌握基本方法，积极参与运动
	学习心理健康	（1）精神饱满，思维活跃，情绪放松 （2）乐意展现自我，乐意合作学习，自信迎接挑战 （3）有积极的情感体验，有成功快乐感，有继续学习的愿望

以上对体育课堂教学评价的量表是得到广泛应用的量表，但不得不提出，这些量表并非完美，它们既有其广泛应用的优势，同时也存在一些不足之处，这也为今后的不断优化和提升指明了方向。

2.体育教师课堂教学的评价体系内容设计

体育教师课堂教的评价指标体系主要包含：学生情况分析、教材处理状况、教学目标设置、教学方法选择、教学手段实施、教师课堂评价、密度负荷安排、教学技能展示8个一级指标、23个二级指标（表6–4）。

表6–4　体育教师课堂教学的评价指标参考①

一级指标	二级指标	权重	赋分
学生情况分析（5分）	特殊学生处理 教学内容适应学生情况	2 3	
教材处理状况（10分）	单元教学课次分析 重难点把握	3 7	
教学目标设置（10分）	目标预设合理性 目标可操作性 目标达成程度	3 3 4	

① 李启迪，邵伟德.体育教学基本理论研究[M].北京：北京师范大学出版社，2014.

续表

一级指标	二级指标	权重	赋分
教学方法选择（15分）	教学方法的合理性 教学方法的有效性 教学手段的有效性	6 9 4	
教学手段实施（10分）	教学手段的实用性 教学手段的创新性	3 3	
教师课堂评价（10分）	课堂过程评价 课后小结	8 2	
密度负荷安排（10分）	预计合理性 实际效果	4 6	
教学技能展示（30分）	普通话、语言表达 动作示范 口令、队伍调动 预防与纠正错误动作 场地器材布置 保护与帮助、安全措施 师生沟通	4 5 5 4 4 4 4	
评价结果			

（二）学生课堂体育学习评价

1.学生课堂体育学习评价的基本要求

体育课堂教学是体育教学的最小单位，体育课堂教学评价是最为重要的评价。在进行学生课堂体育学习评价时，需要做到以下几个方面的要求。

（1）一般地，体育课堂教学评价通常都是教师的即时评价，这些评价可能不会列入对学生学习总评价的范畴，也不能进行定量的评价，但这是非常重要的评价，其在学生体育学习方面所起到的作用非常重要，不可忽视。

（2）学生课堂体育学习评价目标也要与体育课程目标相一致，其中，其所包含的内容主要有体能发展、运动技术提高、心理与社会适应发展、运动参与的态度与积极性等方面。

（3）要在关注评价目标的同时，也对学生课堂学习氛围的评价加以关注。究其原因，是因为课堂教学除了个人努力之外，还有集体力量的作用，因此，要把课堂氛围也作为一个重要的评价指标。

（4）要在考察某一节课的学生体育学习情况的同时，也要对每一节课的学生学习表现加以关注。因为只有每一节课都能努力表现，这样的表现才是真实的、可靠的。

2.学生体育课堂学习的评价内容

以新课程标准和体育课的教学特点为依据，可以以课和个体为单位，把学生课堂体育学习评价内容大致归纳为表6–5中的几点。

表6–5　以课为单位的学生个体体育学习评价内容①

内容指标	一级指标	二级指标	评价手段
课堂体育	态度	一节课的学习态度：到课率、迟到早退等课堂常规	组内评价
	行为	一节课的运动参与态度与积极性	教师评价
学习评价	运动技术	已学项目技术的掌握情况	教师评价
	体能	结合所学运动项目体能促进情况	教师评价
	心理健康与社会适应	结合所学运动项目进行心理健康与社会适应方面的定性评价，社会适应发展中包含个人对一节课课堂学习氛围的贡献	教师评价

三、体育课程教学质量评价的指标

筛选体育课程思政评价指标，对评价指标的细节要严格把关，具体评价操作中要逐一落实。具体操作维度应包含教学过程、课程传授、思想引领、

① 李启迪，邵伟德.体育教学基本理论研究[M].北京：北京师范大学出版社，2014.

身心及人格素质培育以及社会和谐稳定共五个维度，每个维度各自包含不同的指标，如图6–2所示。

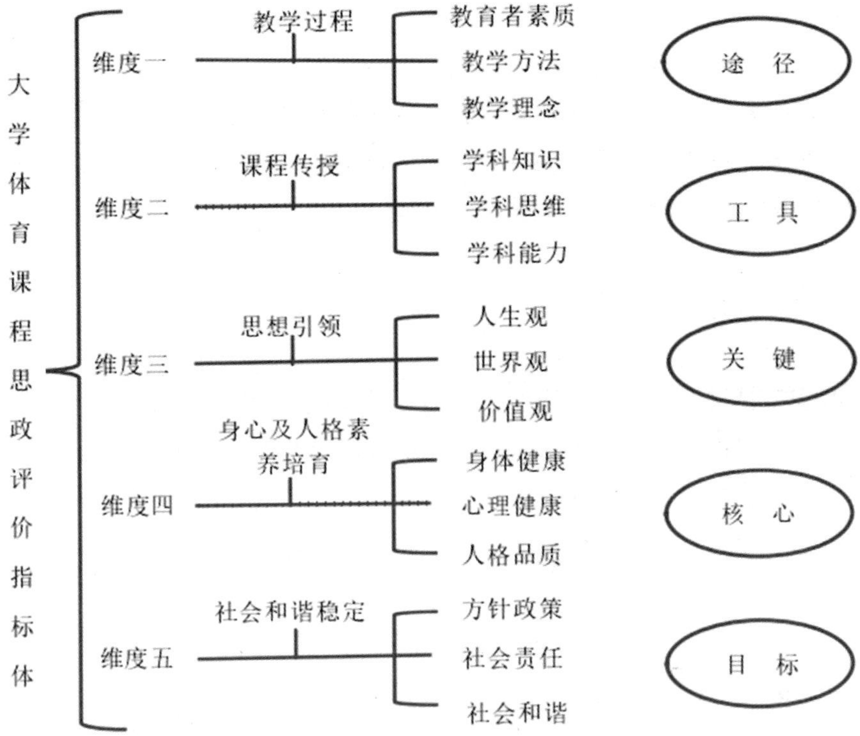

图6–2 体育课程思政评价指标体系①

体育课程思政评价指标体系是结合体育课程思政的特征建立起来的，它并没有脱离原有的课程评价指标体系框架，只是进一步体现了体育课程中的思政育人目标。图6–2所示的体育课程思政评价指标体系具有参考性，可参考该体系，结合体育课程思政的特征进行体育课程思政教学评价。

① 刘慧敏.高校体育课程思政设计研究[D].哈尔滨工程大学，2020.

（一）教学过程维度

教学过程维度也是途径维度，该维度包括教育者自身素质、教学方法和教学理念三个指标。

体育教师自身素质是实施体育课程思政教学、实现育人目标的最基本的要素；体育教学方法作为传递体育教学内容信息的重要渠道，是实施体育课程思政教学过程中不可缺少的环节；在体育思政教学过程中只有掌握科学先进的教学理念，才能更好地把握育人方向。

（二）课程传授维度

课程传授维度属于工具维度，包括学科知识、学科思维和学科能力三个指标。体育课程思政的开展不是把体育课变成思政课，也不是还像传统教学一样只传授体育知识和技能，而是在体育教学内容的实施中潜移默化地培养大学生的道德素养，使学生的体育知识和技能素养、体育精神素养以及道德品质素养都得到提升。

（三）思想引领维度

思想引领维度是关键维度，包括人生观、价值观和世界观三个指标，通过体育课程思政教学，要充分发挥体育课程思政教育资源的思想引领作用，引导学生形成正确的人生观、价值观和世界观。

（四）身心及人格素养培育维度

身心及人格素养培育维度是核心维度，通过体育课程教学要促进学生身体健康、心理健康以及人格素养的提升，这既符合体育学科的特征，又是实施课程思政的要求。

（五）社会和谐稳定维度

社会和谐稳定维度是目标维度，指明体育课程思政的最终目标是回归于社会主义的和谐稳定。要通过体育课程思政建设促进社会和谐稳定，为中国特色社会主义建设贡献力量。

第四节　课程思政引领下体育课程思政教学效果评价

对体育课程思政教学效果的评价，是在对体育教学评价的基础上，增加对思政因素与体育教学融合的效果进行评价的维度。在具体的实践中，通常包括以下内容。

一、课程思政引领下体育课程思政教学效果评价的机制

评价机制的建设是建立健全学校体育课程思政教学质量的重要条件，也是保证学校体育课程思政教学质量的有效手段。完整的体育课程思政质量评价机制包括目标、方法、标准、总结及反馈等要素环节。

（一）合理的评价目标

评价体育课程思政的教学效果，以及制订评价机制时，首先要确立合理的评价目标。只有以科学、合理的评价目标作为指引，才能保证规划和制订的评价机制具有实效性和可操作性，才能对教师的教学和学生的学习具有现

实指导意义。合理的评价目标制约并决定着教学质量评价的过程、方法选择及评价标准的制定。因此，合理的体育课程思政评价目标应该是全面的、切实的、多维的，是对当前体育课程思政教学的督促和引导，是从整体上对体育课程思政教学效果提出的期待。

因此，在制订体育课程思政教学效果评价目标的时候，要从学生的实际情况出发，从学生的思政发展规律出发，通过对学生认知能力、价值倾向、行为反应等几个方面进行综合评价，最后才能得出较为中肯的结论。

从教师的角度出发，要综合考量学校教学团队间的协同配合程度、体育课程思政资源的丰富性和全面性、教学环节设计的科学性等因素入手，制订出具有现实指导意义的评价目标。

需要注意的是，目前我国在体育课程思政教学实践方面基本上还处于起步阶段，有很多工作还不够完善、细致和深入，在目标的设定上还过于狭隘和形式化。比如，还在以学生的思政理论水平作为重要的评价因素，以学生是否达到学校预先制订的教学目标为评价依据。而实际上，这一目标显然是僵化的、去个性的，无法客观反映学生的思政认知水平。换言之，现有的评价目标缺乏对学生认知发展过程、情感变化过程以及价值取向过程动态考察，对这些最重要的评价目标的失焦，导致对整体体育课程思政教学的盲目性发展，进而对思政教学效果的评价也略显片面和肤浅。

（二）多元的评价方法

有了评价目标之后还要建立相应的评价方法的机制。体育课程思政教学效果的优劣，会呈现出许多种层次，在进行评价时，需要对每一种层次都能做出客观的反映、如实地呈现，这就要采用多元的评价方法。

体育课程思政的教学效果会有多种表现形式，如对体育教师的教学效果评价包含体育教学效果、思政教学效果以及体育与思政教学融合的效果的评价。对学生的学习效果的评价包含学生的学习态度、学习方法、对体育知识技能的掌握情况、对思政内容的理解和运用等。以上这些都需要多元的评价方法才能完成。

具体而言，可采用过程性评价与结果性评价相结合、总结性评价与形成性评价相结合、诊断性评价与发展性评价相结合等多元评价方式，进而对体育课程思政的教学效果完成多方面的评价工作。

（三）可靠的评价标准

在开展体育课程思政教学效果的评价过程中，制订可靠的评价标准是构建体育课程思政评价机制的核心要素。并且，可靠的评价标准也是推动体育课程思政教学评价机制持续改进、螺旋上升的重要手段。可靠的体育课程思政教学效果的评价标准应当满足以下两个要求。

1.要以学生的发展为中心

学生是教学的主体，是体育课程思政课程设计的核心要素，只有一切以学生为中心，才能更好地实现教学目标。因此，在设计体育课程思政教学效果评价机制的过程中，要坚持以人为本的教育理念，要尊重学生的发展特点，从学生的实际情况出发，制订出科学可靠的评价标准才具有实际意义。

需要注意的是，生活在不同地区、不同民族的学生，尽管处于相同的年龄段，尽管他们生活在同一个时代，但是其认知水平、生活阅历以及成长背景可能存在较大的差异，这些差异会明显影响他们的学习效果。因此，在设计评价标准时，必须考虑到这些客观情况，并加以权衡，努力制定出符合学生实际学习和生活环境的评价标准，使教学评价对学生的持续、健康发展发挥出应有的作用。

2.要重视体育教师的主体性

随着我国持续推进以人为本教育理念以来，各个教育机构对以学生为主体教学思想的重视不断加强，然而在这一过程中也产生一定的错误认知，即忽视了体育教师同样占据着重要的位置，同样发挥着主体作用。尤其对于体育课程思政教学而言，体育教师是开展体育课程思政教育的主体，决定着体育课程思政教学质量和效果，因此必须强调体育教师的主体性。并且，还要加强对体育教师的思政意识、教学能力及教学反思能力的评价指标，通过提升对体育教师的思政水平的培训，来提升体育教师队伍的育德意识和育德能力。

（四）及时的评价总结

除了目标、方法和标准这些评价机制的常规因素之外，还要注意评价的实效性，即要针对体育课程思政教学效果进行及时的评价和总结，对当前教师和学生的教与学的效果进行过程评价与结果评价，使各教学主体能够在第一时间得到教学或者学习的反馈信息，从而及时吸收、理解和调整，在接下来的教学中进行改进，这是及时评价总结的目的所在。

为了更好地完成“立德树人”的教学目标，应根据学生在学习过程中的表现及时进行沟通、引导和评价，从而提升教学效率和教学效果。学校体育课程思政的教学内容更适合学生的认知水平、符合他们当下的生活境遇，这样才能引发学生更加深入地理解依据将理论联系实际，为他们能够做到知行合一创造条件。当教师在对学生的学习效果进行评价时，还要注意以发展的眼光来看待学生的成绩和表现，要把学生的动态成长纳入评价体系。应该多全面地考查学生的学习表现，如其内在品德及外在行为表现、学习态度和学习热情、遇到困难时的最初表现和最终采取的行动等，这些都是需要考虑的因素。

（五）精准的评价反馈

在建设评价机制中，最后要强调的一点是每一步的评价一定要做到精准、有效。只有保证各个评价环节的工作质量，才能最终呈现出一个可靠、可信、具有科学依据的体育课程思政教学效果的评价机制，从而有效指导体育教学实践，提升课程思政的教学质量和教学效果。

然而必须重视教学评价的准确性，只有这样，体育课程思政教学评价才能发挥出监控、反馈、调节等重要功能，从而不断提升学校体育课程思政教学的质量，进而完善其评价机制的作用，最终在整体上提升我国体育课程思政教学的质量和效果。

精准评价包含如下几层含义。

1.及时收集相关信息

学校的专门评价团队或者体育教师，要及时收集整理体育课程思政教学的相关数据信息，并交由负责人员进行深层分析与研究。精准评价的前提是数据全面、及时、准确，因此在收集整理信息时务必做到这几点要求，从而在源头上保证了评价的准确性。

2.将评价结果及时反馈

得出评价结果后，还应及时反馈给相应的教师和学生，让最新鲜出炉的评价总结回到教学的第一线，给教师或学生以及时、准确的信息反馈，是促进教学质量和教学效果的重要因素。

3.测评反馈策略的实施效果与质量

精准评价还应包含把实施成效作为体育院系、体育教研室、管理者、体育教师乃至学生个体考核的内容，从而形成精准的质量评价反馈体系。

二、课程思政引领下体育课程思政教学效果评价的内容

在设计体育课程思政教学效果评价系统时，要确定评价的范围、评价内容、评价标准等基本要素，其中评价的内容是系统的核心。不同学段的体育课程思政教学目标不同，对教学效果的评价自然也不尽相同，但是大体上可以分为宏观层面和微观层面的内容，具体内容如下。

（一）宏观层面

宏观层面是指不涉及教学的具体成果和过程，而是从整体着眼，从最重要的几个方面进行考量，通过收集信息、数据分析等手段，对一个阶段的体

育课程思政教学进行定性的评价。评价的步骤主要体现在以下几个方面：

（1）体育课程思政教学是否具有明确的教学目标，且是否符合具有中国特色社会主义核心价值观，是否符合国家未来发展战略中对人才培养的基本要求。

（2）体育课程思政教学是否从整体上促进了学生的身心发展，学生群体的精神面貌是否体现为积极向上、热爱学习、热爱生活、热爱祖国。

（3）学校是否制订了符合自身师资水平和客观综合环境的体育课程思政教学的规范性文件。

（4）学校是否对体育教师构建了长期的、系统提升思政素养的培养机制，是否对表现优秀的体育教师给予激励，并建立科学、公正的激励机制，从而保证了体育教师自身思政水平和思政教学水平的持续提高，等等。

总之，通过以上的评价，是否能够正面促进学校体育课程思政教学效果的整体提高，是否得到学校、教师、学生以及家长和社会的全面的认可，都是宏观评价的内容。

（二）微观层面

和宏观层面的评价内容相对，微观层面的评价内容更为具体，是对实践工作的具体指导，如对体育课程思政教学目标的评价、教学内容的评价、教学组织的评价以及教学实施的评价。体育课程思政目标又分为整体目标和分支目标，是否和国家的教育宗旨以及学校的培养目标相一致，是否科学、可行，以及目标的设定是否符合学生的成长需求，能够与学生的生活实际相吻合等。

第七章
体育课程思政建设与教学发展

体育课程思政建设是新时代体育教学工作的重要组成是在以往的体育课程建设的基础上创造性地融入思政内涵这是以习近平同志为核心的党中央对我们国家未来人才培养提出的重要指导思想应该作为体育教学工作的重点去执行。本章将以此展开深入的研究。

第一节　体育课程思政建设的理论基础

体育课程思政建设首先需要在理论方面打牢基础要与我国的国家建设和社会发展保持高度一致服从国家发展战略的基本要求。以具有中国特色的社会主义核心价值观为基本核心结合体育教学的特性以马克思主义和人本主义作为体育课程思政建设的基本理论基础。

一、马克思主义的全面发展理论

要办好教育就不能只是一味传授知识和技能，否则就不能称得上是优质的教育。好的教育除了要做好传授知识和技能的基本工作，外还要关注学生的健康状况，培养学生的道德品质和意志品质，提升学生的综合素养，促进学生全面发展。这是新时代我国人才培养中强调的重点是构建全面发展型人才培养体系必须解决的课题。进行体育课程思政建设，着手体育课程思政教学设计，必须着眼于马克思主义人的全面发展理论，从而为课程思政建设与教学设计提供科学的理论依据。

马克思认为，教育应该是自由的，是能够促进受教育者全面发展的。如果依旧在传统分工体制下进行体力和脑力相分离的教育，那么就无法培养出真正的人才。从这一点来看，马克思的思想观念是教书育人，必须是对全面发展的人才进行培育，在人才培养中，体育、智育、生产劳动教育必须是紧密结合、不能分割。在教育上马，克思主张为增强学生体质，磨炼学生意志，要加强身体教育发挥体育的作用。体育和智育同等重要而且技术培训、技能教育也很重要。将这三种教育结合起来才能促进人全面而自由的发展。这一理念值得我们在体育课程思政设计中借鉴和参考。①

当代我国的教育方针是“培养德智体美劳全面发展的社会主义建设者和接班人”。这是马克思主义关于人才全面发展的理论经过长期实践检验的新成果。当前，我国政府高度重视教育事业的发展，并强调教育工作要让人民满意，要加强素质教育，实施公平教育，为中国特色社会主义建设培养全面发展的建设者人才。新时代、新形势对教育提出了新的要求，要认真思考要培养什么样的人才，要构建全面育人体系，也就是培养德智体美劳全面发展的人才的教育体系，要在文化知识教育、思想政治教育中贯彻立德树人。这是中国特色社会主义制度下对高等教育的新要求，也为高等教育制定人才培养目标提供了方向。

① 陈晓雪.“立德树人”视域下大学体育课程思政建设研究[D].湖南工业大学，2022.

立德树人是非常重要的育人准则，优质的教育必须贯彻这一准则。“人无德不立育人的根本在于立德”“立身之本在于立德树人”。立德树人要求加强思想政治教育、道德品质教育和社会主义核心价值观教育，对学生的良好品质进行培养为国家输送自尊自立、自信自强的优秀人才。我国的教育方针经历了多次变革但重视教育事业、遵循育人规律是始终不变的。在课程思政理念下，加强体育课程改革，实施体育课程思政建设、设计体育课程思政教学体系能够促进人才培养质量的提升，完成培育德智体美劳全面发展的社会主义建设者和接班人的重大使命。

二、人本主义教学理论

传统教育的基本格局是以应试教育为中心，而人本主义教学理论的出现打破了这一格局，推动了教育的转型，更加关注素质教育，通过素质教育促进人的全面发展。

从哲学视角而言，人本主义教学理论认为：知识教育应该放在生命教育之后，应该以人本身的存在为第一位。育人是教育的实质，所以人应该成为教育的中心，围绕人来进行教育，从而培养人的个性、塑造人的才能、提高人的社会适应能力，使教育对象真正成为社会中的人。

从心理学视角而言，人本主义教学理论指出：教育要关注人的全面发展，在具体教学中要将思想教育、知识与技能教育、情感教育、价值观教育等结合起来。如果只是进行知识与技能教育，学生只有学习知识和运用技能的能力，那么不能算是全面发展的人，而在进行知识与技能教育的同时配合价值观教育、健康教育、道德教育、人格教育等各方面的教育，才能培养全面发展的人。

人本主义教学理论在教学目标上强调自由而全面的发展、强调自我价值的实现。马斯洛的需求层次理论指出：自我价值的实现属于最高层次的需求。可见，人本主义教学理论中关于实现自我价值的教学目标并不是容易达成的，要先使学生最基本的需求得到满足，如生理需求、安全需求。然后逐步向实现归属需求、尊重需求过渡。各层次的需求一步步得到满足后，最后也将满足自我价值实现的需求。

自我价值的实现具体在教学活动中可以从多个方面体现出来，如成功激发潜能、塑造正确的价值观以及获得全面发展，具体包括德、智、体、美、劳各方面的均衡发展以及各方面能力的提升。在人本主义教学理论下，体育课程思政建设与教学设计要坚持以人为本的指导思想。不仅要培养学生健康的体质，激发学生的运动潜能和提升学生的运动能力，还要将情意教育潜移默化地融入体育教育中，从而引导学生形成正确的价值观，并磨炼学生的坚强意志，培育学生的集体主义精神。如此既能培养全面发展的社会主义建设者和接班人，也能继承人本主义教学理论使该理论，在实践应用中更加成熟与完善。

现阶段以传授技术动作为主、对精神价值引领不重视的问题在我国体育教学中普遍存在。体育教师对“培养全面发展的人”这一育人目标缺乏深入理解。因此，在体育课程思政设计中，特别要以人本主义教学理论作为理论参考，强调精神价值引领的重要性，在以人为本的前提下，通过体育思政教育培养全面发展的人。

第二节　体育课程思政建设的理念与原则

一、体育课程思政建设的理念

（一）落实立德树人根本任务，育人与育才相统一

深入贯彻落实习近平总书记关于体育和学校体育工作的重要思想，以立德树人为根本任务，把思想政治教育贯穿体育专业人才培养体系，全面发挥

体育课程思政教学育人铸魂的重要作用。通过体育理论教学与运动技能教学，引导学生树立正确的世界观、人生观和价值观，培养有理想信念、有使命担当、有专业追求的大学生。①

在体育课程教学中，避免单纯的知识和技能传授，将常规教学与价值观、品格和能力培养有机结合起来，真正实现以树人为目标、以育才为使命，促进学生全面发展。

（二）构建协同育人体系，显性教育与隐性教育相统一

首先，体育课程思政建设要树立面向所有专业学生的理念，使学生从体育课程教学中受到德育熏陶。

其次，要将课程思政的内容和方法，在各门体育课程的教学过程中予以渗透，发挥体育专业课程的育人功能。

再次，要将体育理论教学、体育实践体验有机结合，增强课程思政的系统性。将体育课堂教学、课外体育活动、校外体育活动进行一体化构建，提升体育课程思政体系的丰富性。

最后，要重视显性教育和隐性教育的结合。显性教育侧重体育知识和技能的教学，而隐性教育侧重精神、品格和价值观等方面的培养。

（三）树立“健康第一”的理念切实提高学生的健康素养

将“健康第一”的理念贯穿于体育课程教育教学全过程。把全面提升学生健康素养纳入体育课程思政教学体系，聚焦以健康观念、健康知识、健康技能、健康管理能力等为主要内涵的学生健康素养，促使学生养成健康文明的生活方式，培育学生积极向上、意志坚强、团结合作、坚持不懈的优良品质。②

① 黄城昊.湖南省大学公共体育课程思政建设研究[D].湖南工业大学，2022.

② 陈晓雪.“立德树人”视域下大学体育课程思政建设研究[D].湖南工业大学，2022.

二、体育课程思政建设的原则

体育课程思政建设要贯彻五项基本原则，如图7-1所示。

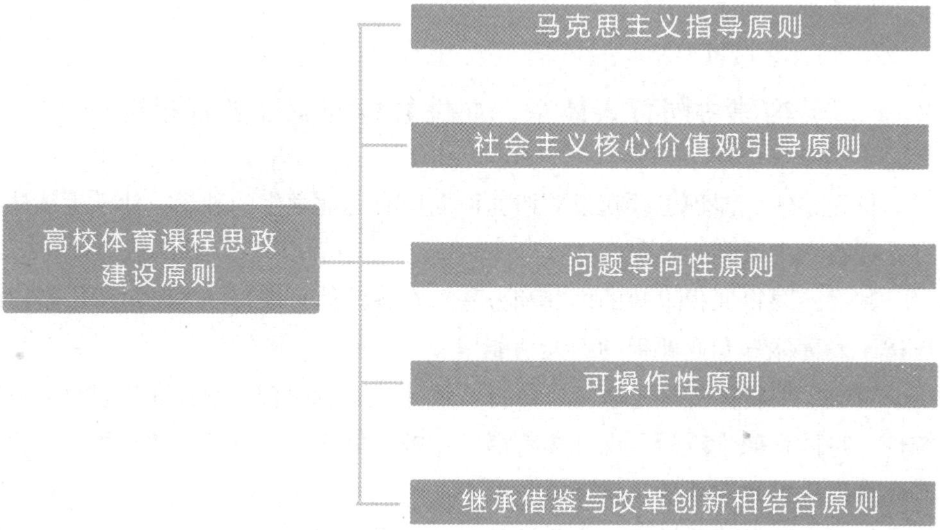

图7-1　体育课程思政建设基本原则

（一）马克思主义指导原则

马克思主义是立党立国的根本指导思想，办学要坚持社会主义方向，将马克思主义作为根本指导思想。作为对社会发展主流思想进行传播的主阵地，教育工作涉及众多学科和专业，无论是哪个专业或哪个学科的教学，马克思主义都是最根本的指导思想。同样，体育课程思政建设也要以马克思主义为指导，严格贯彻这一原则，从而保证在符合社会主义发展要求的前提下开展体育课程思政教学，保证体育课程思政教学不会偏离社会主义发展的方向。只有坚持以马克思主义为指导，坚持正确政治导向社会主义核心价值观，才能通过体育课程思政教学真正得以彰显。

体育课程思政建设坚持以马克思主义为指导的原则，要求在体育课程思政教学中融入意识形态教育，始终坚持并不断巩固马克思主义在意识形态教育中的指导地位。此外，还要在体育课程思政教学的相关环节中，恰到好处地融入社会主义核心价值观，并实现价值引领的作用。

（二）社会主义核心价值观引导原则

课程思政最重要核心思想就是我国的社会主义核心价值观。这是社会建设和国家发展的最高指导思想。在进行体育课程目标设计时，首先想到的就是一切体育教学活动都必须符合具有中国特色的社会主义核心价值观，必须在这一前提下完成体育教学活动目标的确立与设计。设计环节都要寻找最佳的融入思政元素的入口，从而给学生更加自然的思政教育体验。

社会主义核心价值观通俗地说，就是通过体育课程思政教育为国家和社会培养出兼具德才的新时代优秀人才，将学生的思想政治水平、身体素质和精神价值素养进行综合教育与引导，创造一个立体的、多维的学习氛围。在体育教学中营造社会主义核心价值观的情景和氛围，使其像空气一样成为学生成长发展必不可少的营养元素，使学生能够在体育运动中增强对社会主义核心价值观的深入理解。

（三）问题导向性原则

体育课程思政建设与教学设计还要贯彻问题导向原则，将强化问题意识、坚持问题导向作为教学活动的逻辑起点。以问题为导向是最简洁的体育课程思政目标设计路径。对学生思政水平的培养不是漫无边际的畅享，更不是纸上谈兵式的说教，而是引导学生深深参与当下的生活，从自身面对的现实问题着手，并且培育学生敢于面对问题的勇气以及善于发现的能力。这就是坚持以问题为导向的核心思想。

以往的体育课程教学总是以强调对学生的身体素质和运动技能的提升，而在对学生思想政治素养的培育方面，又仅仅依靠思想政治课来完成。因此，对学生的能力培育和思想引导是割裂的。这显然与现实世界的真实样貌不符。而在课程思政的引领下，我们的体育教学会将思政元素有机地融入体育教学。在体育教学中，让学生进行全面的思考和训练，从而让他们更能体会现实世界的真实情境。这将十分有助于学生健康、顺利、全面的成长。

具体而言，在体育课程思政建设中贯彻该原则要做到以下几点要求。

1.发现问题、正视问题

一些学校虽然开设了体育课程，但也只是为了完成上级部门布置的教学大纲与任务，只注重最后的考试成绩；对体育课堂教学没有精心设计，只是在课堂上一味强调多练习；对体育的内在价值和深刻内涵缺乏真正的理解。此外，在教学内容上，以体育基础知识和运动技能为主，强调掌握基本理论知识后要不断练习运动技能，强调动作要标准，速度要快。但对传承体育精神、实施体育价值引领却不够重视。纯粹的理论教学内容或运动技能教学内容不够生动，缺乏趣味性，感召力也不强，不易引起学生的兴趣，也难以使体育课程的思政育人优势得到发挥。在体育课程思政建设中，要及时发现这些问题，并认真对待问题，将解决实际问题作为体育课程思政建设的重要突破口。

2.研究问题、解决问题

在发现问题、正视问题后，具体要在体育课程思政建设中解决好以下问题。

（1）拓展体育课程教学内容

将体育课堂作为主要教学平台，立足学生实际需求。在体育课程思政教学中，既要增强学生体质，又要引导学生形成坚定的理想信念和积极向上的健康生活方式，走出虚拟的网络世界多学习、多运动。在体育教学中，既要传授基础知识，教授运动技能，又要普及与传播体育文化。在体育课堂教学中，融入中国梦教育、社会主义核心价值观教育，发挥体育课堂的优越性，实现全面育人的目标。

（2）挖掘体育的教育功能

体育课程最主要的功能是能够增强学生体质，提高学生的运动技能水平。但体育课程的功能非常多元，不限于此。除了这些基本功能外，还具有重要的思政教育功能、德育功能、智育功能、美育功能。充分挖掘体育的教育功能，将体育精神培育、思想政治素质教育、人格培育、道德素质培育等融入体育课堂教学中，有助于促进大学生全面发展，使大学生深入理解体育精神，并在长期的运动实践中，形成积极拼搏、团结向上、坚持不懈、爱国爱集体等美好品质。这将为体育课程思政的进一步发展带来新的曙光。

（3）提升体育教师的综合素质

体育课程思政的建设水平、体育课程思政教学的实际效果等都直接受到体育教师自身综合素质的影响。作为体育课程思政的建设者与组织者，体育教师要自觉学习习近平新时代中国特色社会主义思想，不断提升自己的思想政治素养和道德素养，并将这些收获内化为教学能力，从而在体育课程思政设计中真正秉持以人为本的原则，以学生为中心，引导学生树立正确的人生观、世界观和价值观，最终完成立德树人的任务。

（四）可操作性原则

在体育课程思政建设中要进行课程思政教学的科学设计，实施好课程思政教学，为课程思政教学提供思路和方法。为了充分发挥课程思政设计的功能，需要在课程思政设计中遵循可操作性原则，确保所设计的课程目标经过努力可以实现，设计的教学内容能够满足学生的需求，设计的教学方法有助于实现教学目标，设计的教学评价方式能够客观反映体育课程思政实施的效果。

在体育课程思政建设中贯彻可操作性原则，要求体育教师将思政教育元素充分融入体育课堂中，将知识技能传授与价值引领充分结合起来，从而更好地发挥体育课程本身的思政教育优势和德育功能。此外，体育教师设计的体育课程思政教学目标、教学内容、教学方法等要便于学生理解和掌握，并要得到学生的认可，这样便于体育教师进一步开展融入思政教育的体育教学工作。

具体而言，在体育课程思政建设中贯彻可操作性原则需要注意以下两点要求：

第一，体育教师要立足体育教学实际、思政教育实际进行体育课程思政建设，基于对学生实际需求、社会发展需求等多因素的综合考虑完成体育课程思政目标、内容、方法以及组织形式等要素的设计。

第二，为了增加体育课程思政实施的便捷性，要结合体育课程的特点、思政教育的特点加强二者的融会贯通。既要防止按思政课的模式上体育课，又要将体育课程中蕴含的丰富的思政教育元素融入体育课程内容的实施中。在具体教学过程中循循善诱，促进学生情感的升华和科学价值观的建立，在潜移默化中实现体育课程的情感、态度与价值观目标。

（五）继承借鉴与改革创新相结合原则

体育课程思政建设也要贯彻继承借鉴与改革创新相结合的原则，继承体育课程的传统思政特色和优势，总结和提炼体育课程思政元素。同时要与时俱进，用发展的眼光对新时代下体育课程思政教学的新内容、新方式进行设计，健全和完善体育课程思政体系，培养能够担当民族复兴大任的时代新人。

第三节　体育课程思政建设的科学路径

体育课程思政建设是一个非常复杂的系统工程，本节将对其建设路径进行深入探索。

一、健全完善课程思政的制度保障

各级教育主管部门要加大对体育课程思政管理工作的关注和宣传，认真做好体育课程思政工作的理论研究、学术交流与训练，加强对青年体育教师的思政素质培养，增加在职教育与培训的机会。各个学校应从自身的实际情况出发，确定学校对人才的培养目标，制订体育课程思政工作方案，并陆续开展体育课程思政管理工作与体育课程思政教学设计大赛等。成立专门的团队组织负责体育课程思政管理工作，将体育课程思政建设工作向着科学化、制度化和长期化发展。

总之，构建完善的体育课程思政工作责任人保障制度这对于学校体育课程思政工作的全面健康发展具有重大意义。

二、构建体育课程思政教学评价机制

在体育课程思政建设中，为促进建设工作的顺利开展，需要在教学管理体制中融入课程思政相关评价。体育课程思政教学是一个完整的系统，既包括课程思政的教学目标、教学内容、教学方法，也包括最后的教学评价环节。这是评价体育课程思政育人效果的重要环节。

具体而言，健全与完善体育课程思政教学评价机制要从以下两方面进行：

第一，在体育课程思政教学评价中，将体育教师的师德师风作为评价内容之一，并将此作为教师职称评定的一个指标，以此发挥教学评价的激励作用，鼓励体育教师自觉提升自己，在教师队伍中形成良好的思政教育风气和全面育人风尚。

第二，采用多元化的评价角度、评价方式和评价指标实施评价，打破传统教学评价中以技能评价、总结性评价为主的模式，注重考查学生的道德素质、体育精神和学习能力。在评价中要充分体现课程思政的要求，激励师生共同参与体育课程思政建设。

三、学校领导及教师群体要提高重视

体育课程思政建设的实施需要校领导及有关行政部门的大力支持和协调，以形成体育课程思政工作的整体领导机制，以合理的工作机制推进体育课程思政建设进度。学校领导还应该客观评估体育课程思政建设质量，促使体育教师在具体的体育教育活动中渗透思政教育，形成求真严谨的思政教育风气，避免形式主义。

此外，为了提升体育课程思政建设水平，学校有关部门也要“精准反馈”，及时调整与完善体育课程思政建设中的不合理环节，切实保证体育课程思政建设的正常进行和最终质量。

四、深入挖掘体育课程中的思政元素

要促进体育课程思政建设，必须对当前的体育课程建设模式进行优化，对体育课程中的思政元素进行充分且深入的挖掘，以优秀的师资为依托，与思政相关课程的授课教师探讨如何将思政教育融入体育课程建设中。利用体育课程本身的思政元素和德育功能培养大学生的世界观、人生观和价值观，优化体育课程与思政教育融合的教学大纲，切实促进体育知识技能教育与德育、价值引领的统一，将立德树人融入体育知识传授与技能培养中，知识技能教育和思想政治教育并重，以全方位、立体化培养全面发展的人才。

五、以学生为主体全面展开思政熏陶

立德树人是课程思政建设的主要目标，具体就是要促进学生思想道德水平的提升和实现全方位协调发展。不同学生因为成长环境、个性特征等的不同，他们的思想意识是有差异的，对价值认同、道德评价标准也有着不同的认识与理解。为提高学生的思想意识水平，促进学生正确理解道德评价标准，以高标准严格要求自己的道德行为规范，树立正确的价值观，应在体育课程教学中融入课程思政理念，具体要做到如下两点要求：

第一，立足实际培养学生的体育专业素养。首先培养学生对体育运动的兴趣，普及体育基础理论知识，使学生进一步了解体育运动，然后通过深入教学，提高学生体育认知水平、文化基础水平和技能水平的提升。

第二，举办丰富多彩的体育文化活动。将体育文化内涵渗透其中，培养学生的体育精神，并使其深入了解体育文化内涵与思政教育的融合点，对体育课程中的思想政治元素主动进行探索，自觉在体育知识与技能的学习中接受思政教育，提高思想政治意识。

六、丰富与完善体育课程思政教学内容

在体育课程思政建设中，不断挖掘体育课程思政的内容资源，健全与完善体育课程思政内容体系也是至关重要的。在体育课程教学中融入思政教育，主要是在理论课中进行相关安排与设计。例如，在向学生普及与讲解某个运动项目的竞赛规则时，培养与增强学生的规则意识、公平竞争意识。此外，在实践课上也能够贯穿思政教育，可以结合真实体育比赛案例，尤其是学生熟悉的优秀运动员的案例，使学生体会不同体育项目中蕴含的体育精神和思想道德规范，以此启发学生向优秀运动员学习，自觉遵守规则和道德规范，学习运动员坚韧不拔、拼搏奋进的精神。也可以通过讲述某项运动的辉煌历史，如中国乒乓球的历史来培养与强化大学生的民族自豪感和爱国主义精神。

七、改革教学方法，深入实施思政教育

传统体育课程教学方法以讲授法、示范法、练习法为主，教学方法相对单一，缺乏创新。陈旧、枯燥的教学方法使得一些学生对体育课提不起兴趣，没有学习的热情，课上不认真学练，课下也不主动巩固知识与技能，导致教学效果较差。事实上，传统僵化的体育教学模式已然不能适应现代社会对体育课程教学的要求了，只有从教学方法上寻求突破、加强改革，不断创新，才能改变体育教学的这一现状，使学生对体育课程产生浓厚的兴趣，积极参与体育运动。

体育课程教学方法的创新方式有很多，在课程思政理念下，结合思想政治教育的要求进行教学方法创新具有重要的现实意义。具体要求为，充分发挥体育课程的德育功能，采用开放式教学方法教育学生，将思政元素融入传统教学方法的实施中，综合运用多种方法和手段进行教学，使学生不仅掌握体育知识与技能，还能在潜移默化的思政教育中提升个人道德素养和综合素质。

为了在体育课程思政实施中达到更好的育人效果，体育教师可以根据教学实际设计翻转课堂教学方法，首先对体育运动中具有价值导向的要素加以整合，再运用任务驱动、问题讨论、文化比较等方法引导学生完成教学任务，鼓励学生以小组为单位合作学习，共同分析与解决问题，这有助于培养学生的合作意识和沟通能力，并能启发学生积极思考，主动探索，营造积极向上的学习氛围。在具体运用翻转课堂教学方式时，可参考图7–2所示的基本流程。

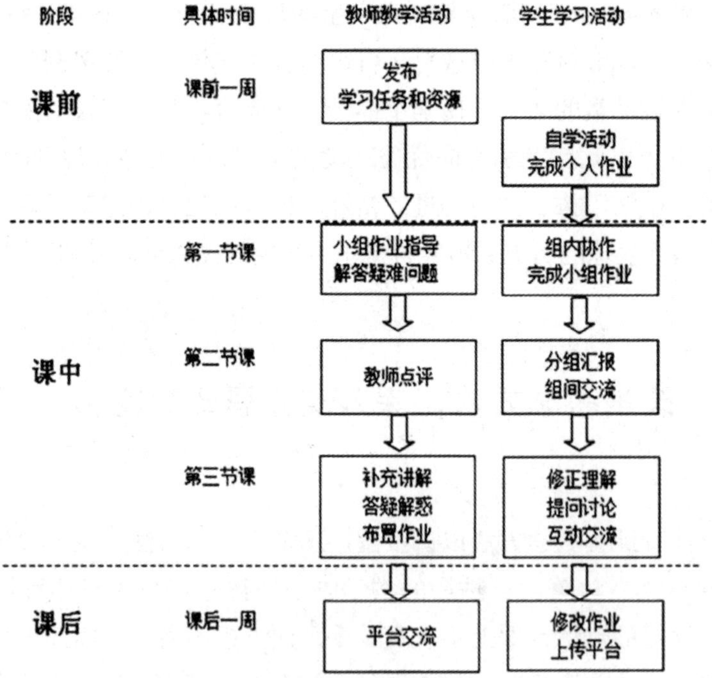

图7–2　翻转课堂教学的基本流程[1]

① 王惠.大学体育翻转课堂模式构建[J].鄂州大学学报，2023，30(02)：91–93.

八、提升体育教师的课程思政综合素养

体育课程思政建设质量如何、课程思政实施效果如何，关键在于体育教师。体育教师作为体育课程思政的建设者与执行者，其自身的思政道德水平、思政教学能力直接影响最终的育人效果。从这一角度来看，要提高体育课程思政建设水准和课程思政育人水平，就必须加强对体育教师的思想政治教育与培训，促进其思想道德水平的提升、课程思政意识的强化以及将课程思政融入专业课教学中的能力。

为促进体育教师思政教育能力和专业教学能力的提升，应将德育意识培养的相关内容融入教师培训体系中，并督促体育教师对中国特色社会主义核心价值观进行系统化学习，引导体育教师在不同体育课程中发现与思政教育的结合点，并充分利用各类体育教学内容本身的思政元素、德育功能来教育学生、培养人才。可以组织体育相关的“思政课程”培训活动，鼓励体育教师积极参加培训，并与专业思政课的授课教师多交流、沟通，共同研讨将思政教育融入体育课程的方法，促进体育教师课程思政能力的提升和综合育人能力的强化。

九、重视校园体育物质文化的建设

精神建设离不开物质基础，体育物质文化的建设能够从感官上对学生产生直观的刺激作用，对体育课程思政教学起到良好的辅助作用，能够推进体育课程思政工作的顺利开展。同时，适当的体育物质文化建设，还对一些运动物质及传统文化教育具有重要价值。

因此，各个学校应根据自身文化、经济等现实条件，有计划、有步骤地开展校园体育物质文化建设，坚持从建设体育强国、传承传统体育文化、加强本土化意识以及学校自身独特的文化底蕴出发，积极构建既适应现代校园风貌，又能体现新时代社会文明程度的学校体育物质文化。其包括但不限于

建设富有人文价值的运动雕塑群、举办以“强国体育”为主题的体育竞赛活动、定期举办体育文化沙龙讲座等。通过充分发挥学校体育设施和运动环境的隐形教化功能，促进广大教师和学生在获得体育运动的便利性的同时，体会国家强大、文化底蕴深厚、民族凝聚力等文化意识内涵，从而在情感上、心理上、思想上完成体育精神与价值观的塑造。

十、认真建设学校的体育思政文化氛围

每个学校都有其悠久的体育文化传统和校园风气，在建设体育课程思政体系时，应将校园体育文化建设也纳入其中，使其发挥出积极作用。校园体育文化对学生价值观的形成、性格的养成以及体育运动观念的形成具有重要的影响作用。校园体育文化是学生学习生活的重要场域，发挥着潜移默化的作用。

因此，学校应专门针对校园体育文化的建设展开工作，将强化体魄与精神培养融入校园体育文化之中，在校园体育文化建设中将精神导向与体育教学相融合，促进学生的身心全面、健康、同步的发展。

第四节　大中小学体育课程思政一体化教学体系构建

在课程思政教育思想的引领下，经过一些实践和经验总结，发现建设课程思政最有效的方法，是从大中小学体育课程的整体着手进行思政体系构建，从思政一体化建设思路出发，打破现有的关于学龄、学段的教育壁垒，以培养学生养成健全的人格品质为目标，这是当前较为先进的、具有一定实

验性的教育理念。本节将对此理念展开深入分析，并且对具体的实践方法给出可操作性的建议。

一、大中小学体育课程思政一体化教学目标的构建

将大中小学的体育课程思政进行一体化构建，在教学目标的设计和选择上，具有明显优势。能够从整体出发，较为全面、均衡地设计教学目标，并使其更具连贯性，各个阶段的衔接也更加自然、流畅。有效避免了因学段、区域等因素而导致的体育课程思政教学目标设计出现断裂、重复或者衔接不上等问题。而如果构建大中小学体育课程思政的整体教学目标，价格有助于教学目标的完整性、可操作性的实现，通过明确整体教学目标和各学段分目标，使体育课程思政教学的系统性优势得以体现，杜绝了偏离预定目标的现象，而且还将明显提升教学效果。

在构建大中小学体育课程思政一体化教学目标时，要符合以下几点要求：

（1）高举习近平总书记提出的新时代中国特色社会主义伟大旗帜，作为指导大中小学体育课程思政一体化的指导思想。

（2）将社会主义核心价值观细化分解为与学生生活实际相关的价值信念。

（3）将中华优秀传统文化价值观作为对学生进行思政教育的重要背景内容。

（4）对学生进行必要的法治教育，从小树立懂法、守法、护法的价值观念。

（5）引导学生开始思考人生规划、职业规划的问题，培养学生树立远大理想，并加强职业道德教育。

总之，在大中小学的体育课程思政教育中，始终贯彻爱国主义教育、传统文化教育以及健康理念教育，指导学生从生活实践中践行所学的知识，通过体育运动有意识地磨炼意志品质，鞭策自己养成顽强拼搏、锲而不舍的生

活态度。引导学生爱党、爱国、爱人民，早日养成社会责任感，培养文化自信心，养成良好的生活习惯，将社会主义核心价值观内化到学生的一言一行之中，从而为培养符合新时代国家建设的优秀人才。

概括而言，在大中小学体育课程思政教学中，要包括以下五个方面的基本要素：

（1）培养学生坚决拥护社会主义核心价值观思想的指导，热爱祖国、热爱中华民族、热爱中华文化。

（2）通过体育学习和锻炼，培养学生自强不息的精神品质，树立健康的生活理念。

（3）通过体育教学鼓励学生走出舒适区，并不断挑战自己的运动不足或极限，塑造坚韧的性格、积极进取的人生态度。

（4）树立规则意识和法治观念。

（5）通过体育教学培养学生的集体主义精神和社会责任感，将早日实现中华民族的伟大复兴作为自己人生奋斗的方向。

在构建大中小学体育课程思政教学目标一体化的过程中，应科学安排不同学段的教学目标，由简单到复杂、由浅至深，使不同学段的教学目标按照螺旋式上升的模式进行，为学生营造一个循序渐进的学习环境和氛围。

二、大中小学体育课程思政一体化的教学内容构建

大中小学体育课程思政在教学内容的设计和选择方面，就是要将体育品德、体育技能、运动能力三个方面的内容进行有机融合，实现科学设计，从而构建出一个既全面又具体的体育教学内容体系。

（一）体育品德的教学内容

在构建体育品德教学内容时，应注重处于不同学段学生的学习特点和身心发展规律进行选择和设计。对于小学生阶段的体育品德教学内容，应该从

学生的学习实际出发，通过体育学习的内容，引申出对精神品质的内容，但是内容需深入浅出，要符合小学生的认知水平，便于学生的理解和接受。在中学段，则应适当进行拓展，如从培养个人良好的生活习惯发展到认识和认同集体主义精神，能够处理简单的个人利益与集体利益发生冲突的问题。对于大学段的思想品德的教育则应提高到家国情怀的高度，当代大学生应具备一定的历史眼光，将个人的兴趣爱好和奋斗方向镶嵌到国家发展与民族复兴的伟大事业中。要以家国情怀为主，强调个人成就与社会建设相结合，培养学生的责任感、荣誉感和使命感。

（二）体育技能的教学内容

在构建大中小学生体育技能的教学内容时，除了要遵守国家规定的体育教学要求之外，还应考虑这些内容是否具有思政教学的价值，是否可挖掘进行思政教学的因素，是否与整体的思政教学目标相一致等。在针对非体育专业的学生进行体育技能教学时，主要以发展他们的身体素质、培养体育运动兴趣和掌握一定的体育技能为主，因此在内容选择上，应避免竞技化、专业化和高难度的教学内容。相对而言，更重要的是对学生进行体育技能的普及教学。让学生通过对体育技能的学习和训练，提升个人的自信心和自我效能感，并发展体育兴趣，培养终身体育的能力和习惯。

（三）运动能力的教学内容

在运动能力方面，所构建的教学内容要与当前学段的思政教学相结合，即让体育技能和运动能力与体育品德之间形成显性与隐性的对应关系，从而构建出多层次、多维度的、互相呼应的体育课程思政教学内容。

学生学习和掌握运动能力的过程，就是不断走出舒适区的过程，要先获得更强的奔跑能力、跳跃能力或篮球能力，需要付出大量的刻苦训练，在一次次的挫败中不断前行。一般来说，学生的运动能力与其付出成正比，因此，一旦学生克服重重困难掌握了某个或者某些运动能力时，必然意味着他们曾经克服了自身的懒惰、胆怯、怀疑等负面情绪，最终选择勇敢和坚强。

在这一学习过程中，学生通过亲身经历体验到人的精神力量的强大，明白一分耕耘一分收获，从而有助于他们塑造积极进取的人生信念，以及乐观自信的生活态度。另外，在一些集体类运动项目中，还培养了学生养成规则意识、团队意识和集体主义精神。

三、大中小学体育课程思政一体化教学方法的构建

大中小学体育课程思政教学方法一体化，主要体现在以课程思政建设为契机的体育教学改革中教学方法的革新上。教学方法的构建是在现有的、经过武术次时间验证的体育教学方法的基础上，增加与思政教学相关的教学方法内容，使其能根据不同学段学生的身心特点，进行行之有效的体育教学，即同时满足体育品德、体育技能和运动能力的教学需要。

比如，在小学段多采用讲解法、启发法进行体育课程的思政教学；在中学段则多采用小组讨论法、小组竞赛法等方法，以激发学生的学习主动性和积极性；在大学段则可以采用项目研究法、互学互助法进行教学，目的是鼓励学生培养独自发现问题、解决问题的能力，并引导他们善于与他人协作、寻求帮助的能力，从而增加其社会适应能力和终身学习的能力。

总之，大中小学体育课程思政教学一体化对教学方法没有特殊的要求，没有最好的教学方法，只有最适合的教学方法。因此，在构建的过程中，教师应灵活运动，并根据实际教学中的需要，进行取舍和选择，并大胆创新，因时因地因人制宜选择最合适的体育教学方法进行教学。

四、大中小学体育课程思政一体化教学评价的构建

教学评价在大中小学体育课程思政一体化构建中具有重要的作用，因为大中小学的体育课程思政教学没有学段的分割，那么教学评价就显得格外重

要。只有科学进行评价，才能客观真实地反映出每个学段的教学质量和教学效果，从而为下一个学段的教学指明方向。

（一）不同学段要设置不同的评价标准

尽管构建的是大中小学体育课程思政教学一体化内容，但是为了使教学更具有实践指导意义，必须设置不同的评价标注，即对不同学段的学生采用不同的要求进行评价。这一标准的制定依据，是不同年龄阶段的学生，具有相对应的身心发展特点，而无论是教学内容还是评价标准都必须以这些特点为根本依据，即真正做到以学生为教学主体，遵守以人为本的教育理念，切实开展因材因时因地的施教活动。

（二）评价方法要具有创新性和综合性

大中小学体育课程思政教学一体化的评价方法，主要体现为多种评价方法的有机结合使用，注重过程性评价与终结性评价、定量评价与定性评价、相对性评价与绝对性评价的综合应用，注意在多种情境中运用多种方法获得学生体育课程思政学习反馈信息。与以往的教学评价方法不同的是，在大中小学体育课程思政教学的一体化尝试中，尤其重视对各个学段的学习情况进行全面分析和考察，而不仅仅强调当前学段的教学情况。

第五节　体育教师课程思政教学能力的提升

体育教师是实施体育课程思政的直接人员，他们自身的思政水平决定着体育思政教学的质量。因此，本节将重点分析对体育教师思政教学能力的提升。

一、构建系统性的提升路径

体育教师的思政能力是一种软实力，和体育专业技能不同，与教学能力也不同，思政能力体现的是一个人的综合素养，涉及多学科的知识积累、能力训练和价值观构成等问题。因此，对体育教师思政教学能力的培养仅靠一次或者几次的主题特训是无法实现的。要想从根本上解决这一问题，需要构建系统性的提升路径，从而较好地指导、督促和落实对体育教师的思政素养的提高和优化。

二、拓宽体育教师与思政教师的协同育人渠道

拓宽体育教师与思政教师的协调工作渠道，也是一个有效方式。学校应建立相应的协作机制和平台，促进体育教师多向思政教师学习教学经验，借鉴相关的思政教学手段，在遇到具体的问题时，可以及时交流沟通，从而快速提升体育教师的思政教学水平。

比如，通过加强学校体育教研组和马克思主义理论专业教研组之间的联系，鼓励两个学科的教师之间多多交流。马克思主义学院老师要积极地以开放性的教学课堂欢迎迎接体育老师的深入合作，也可以进入体育课堂，通过挂产体育教学过程给出自己的建议，并协助体育老师从中了解思想政治教学的技巧与方式。总之，通过加强两个学科教师之间平等的互动合作，有效提升体育教师的思政教学意识和素养。

同时在各学院内部、院系间、企业单位也要积极地建立健全资源共享网络平台通过对优秀教学资源的共享与共用进一步增强体育老师们开展教学思政活动的积极性与创造力。

三、激发体育教师的思政教学主动性

（一）强化思政教学的重要性

要提高体育教师对思政教学的重视，首先应帮助体育教师明确思政教育的重要性，帮助体育教师逐渐认识到体育教学发展的新趋势，意识到体育教师对学生成长所发挥的重要影响力等。以此来促进体育教师对课程思政的深刻理解，并认识到体育教学甚至自身的言行对学生都具有举足轻重的影响作用，进而令体育教师对提升个人思政教学能力充满热情和使命感。

（二）应建立科学的激励机制

在提升体育教师思政教学能力方面，学校仍肩负着最重要的责任。校领导以及思政教学教研组的相关人员，不仅要做好检查、评价、建立、健全评估系统，还应建立起有效的激励机制。通过设立专门的思政课教师奖励机制，将课教师在学校积极开展思政课教学的实际情况与学生的年终考核、评先评优、晋升和岗位调整等挂钩，形成推进思政课教师队伍建设的良好氛围使学生进一步丰富思政课课堂知识积极探索与体育课相结合的有效途径。

参考文献

[1]田雪文.现代信息技术下体育教学改革的审视[M].长春：吉林出版集团股份有限公司，2021.

[2]钱利安.课程思政视域下体育与新时代大学生思想道德素质养成的理论研究与实践调查[M].北京：九州出版社，2021.

[3]徐杰，娄震.课程思政视域下的体育教学研究[M].北京：九州出版社，2021.

[4]付超，庞晓东，梁晓倩.课程思政教育理念引领下的体育教学改革与实践探索研究[M].天津：天津社会科学院出版社，2022.

[5]贾振勇.体育教学改革与实践应用探[M].北京：新华出版社，2018.

[6]张琦，柴猛.大学体育教学改革与创新[M].长春：吉林科学技术出版社，2020.

[7]杨艳生.体育教学改革与创新实践研究[M].长春：吉林人民出版社，2021.09.

[8]刘景堂.体育教学改革研究[M].北京：中国纺织出版社，2019.12.

[9]李洪芳，张迎宾.体育教学改革与发展动态研究[M].北京：北京工业大学出版社，2020.

[10]黄城昊.湖南省大学公共体育课程思政建设研究[D].湖南工业大学，2022.

[11]李艳，赵富学.体育课程思政建设的育人诉求与践行向度研究[J].体育

教育学刊，2022，38（6）：8- 15，2.

[12]王子玥.体育教师课程思政能力评价指标体系构建及实证研究[D].济南：山东大学，2022.

[13]高启隆.公共体育教师课程思政能力评价指标体系构建研究[D]昆明：云南师范大学2022.

[14]邓晖，钟永锋.大学体育课教师”课程思政能力培训体系的探索与实践[J].科学咨询（教育科研），2022（6）：64–67.

[15]李林，赵富学.体育教师课程思政建设能力培育的问题聚焦与破解路径[J].武汉体育学院学报，2022，56（9）：91- 100.

[16]戴园园，叶合双.体育课程师生互动对学生自我收获感的影响研究[J].黄山学院学报.2022，24（5）：133–136.

[17]赵富学，赵鹏.体育课程思政建设的组织协同与深度推进研究[J].南京体育学院学报.2022，21（9）：1–7，87.

[18]陈莹.医科大学体育课程思政融合教育价值体系构建与教学实施[J].当代体育科技，2022，12（33）：162–165.

[19]张然，杨谦，熊玲等.体育教师课程思政教学能力提升路径研究[J].当代体育科技，2023，13（12）：159–162.

[20]黄城昊. 湖南省大学公共体育课程思政建设研究[D].湖南工业大学，2022.

[21]魏四成，王秋雨. “立德树人”视域下体育课程思政建设研究[J].当代体育科技，2022，12（27）：141–145.

[22]时海霞，张雪莹.普通公共体育课程教学质量评价体系的研究[J].绵阳师范学院学报，2009，28（06）：147–150.

[23]黎臣.普通体育课程教学质量评价体系的研究[J].运动，2013（16）：75–76+100.

[24]贺慨，黎臣.普通体育课程教学质量评价体系研究[J].青少年体育，2020（06）：107–108.

[25]钱坤，谷颖.体育课程建设与教学质量监控体系的构建[J].山西青年，2019（23）：69.

[26]何红娟. “思政课程”到“课程思政”发展的内在逻辑及建构策略[J].

思想政治教育研究，2017，33（05）：60–64.

[27]胡华忠.“课程思政”的价值意蕴、理念内涵和实现路径[J].中国高等教育，2022（06）：10–12.

[28]陈思.思政课程与课程思政同向同行发展的路径探索[J].山西青年职业学院学报，2022，35（02）：93–95.

[29]向延平.课程思政体系研究[J].滨州学院学报，2021，37（01）：66–70.

[30]姜亮，陈立农，谢书玉.新时代体育课程思政的特点、困境及优化路径[J].武术研究，2023，8（03）：123–125.

[31]张程锋.体育课程思政研究回顾与展望[J].体育教育学刊，2023，39（02）：1–9+95.

[32]邵媛.体育课程思政的历史考察、时代价值与发展路径研究[J].南京体育学院学报，2023，22（02）：61–66.

[33]周洪芝.体育课程优化建设与思考[J].科技风，2020（29）：63–64.

[34]马忠颖.健康中国背景下的体育课程建设[J].高教学刊，2020（25）：56–59.

[35]张文静.公共体育课程思政建设的影响因素与推进策略研究[D].山东大学，2023.